校長の実践的学校経営論

54人の校長が考え、実践したこと

宇田津 一郎　[編著]
藤原 善行

学事出版

刊行に寄せて

文部科学省初等中等教育局財務課長　合田哲雄

　「宮崎西高校の校長でいらした方にすごい先生がおられる」とお聞きしたのは、私が福岡県教育庁高校教育課長だった今から20年近くも前のことです。当時、福岡県立城南高校教諭だった和田美千代先生（現同校校長）が、かつて進路実績を高めるための方略について指南を仰ぐべく宮崎西高校に宇田津一郎校長を訪ねたところ、「朝課外や放課後課外を何時間確保するかといった目先のことではなく、高校生の将来を見据えた学びの動機付けが必要」と一喝され、それが「ドリカムプラン」（生徒が高校入学時からステップごとに自分の進路や進学先について考え、悩みながら探究し、教師もドリカム顧問として個々の生徒の探究に真正面から向き合って進学に対する動機を育む体系的な進路指導）を生み出すトリガーになったとおっしゃっていました。宇田津先生について語る和田先生の言葉は今でも克明に覚えています。それが、私が宇田津先生のことを存じ上げるきっかけでした。

　また、私が目黒区立東山小学校のPTA会長をしていたときに、大変お世話になった宮崎県出身の黒木公一先生が、実は宇田津先生の教え子だったというご縁もありました。そのため、文部科学省の職員としては冥利に尽きることに二度（2008年、2017年）にわたって学習指導要領改訂を担当いたしましたが、その都度、宇田津先生に大所高所からご指導いただきました。賜りましたご芳情に心から感謝を申し上げたいと存じております。

　私にとって二度目となった今回の改訂を担当して痛感したことの一つは、人工知能（AI）の飛躍的進化などの社会の構造的変化のなかで、我々大人は子供達に対して未来社会の具体像を示すことはできないということです。子供達が大人を乗り越えて、新しい社会や価値、アイディアや文化を創造することでしかその姿を現してこない未来社会は、言わば「出藍の誉れ」時代。そんななか我々は子供達に何を遺し、何を託すことができるの

か。それが、今回の改訂における学校段階を通じた「主題」でした。

　最前線で価値を創出している AI 研究者や起業家は、Society5.0時代に人間に求められるのは、データや明確な定義のある構造のなかでその力を発揮する AI ができないことだと異口同音に指摘しています。例えば、情報やテキストの意味を正確に理解する読解力、想定外の事態に対応可能な即興性や柔軟性の高い思考力、実体験に基づいて分析的に考える力や他者と対話・協働して新しい価値や解を生み出そうとする態度。これらは、「書くことは考えること」という指導、多様な子供達がともに学ぶなかでの「学び合い」「教え合い」の学校文化、教科教育研究や授業研究といった固有の財産を持つ我が国の学校教育が140年にわたって重視してきた力そのものであります。

　「出藍の誉れ」時代は、学校が目の前の子供達に働きかけることによって次代を創造するという意味で、教育が社会をリードする時代。本書に収められた全国の先進的な実践には、未来社会を切り拓く知恵や志に満ちています。宇田津先生やご執筆に当たられた多くの校長先生に心から敬意を表しますとともに、本書が多くの先生方にとって高校教育の質的転換のための羅針盤となることを切望してやみません。

刊行に寄せて

前全国高等学校長協会事務局長　小栗　洋

　ここ数年の高等学校教育を取り巻く環境では、政府の教育再生実行会議からの第四次提言を受け止めた形で文部科学省が中心となり政策を推進している高大接続改革や文部科学省による高等学校学習指導要領改訂等があり、これまでになく慌ただしさを増しているという状況にある。
　これらの政策に共通している視点としては、「主体的・対話的で深い学び（アクティブ・ラーニング）」という言葉に象徴されるように、これまでの知識・技能習得中心のどちらかというと教え込みに偏った受け身の授業から、生徒自らの興味・関心、やる気に火を灯しつつ、周囲の仲間達とも協働して取組むことにより、より積極的・能動的な深い学習を促していくという方向性が感じられる。確かに、これまでの教育形態は生徒の側から見ると受動的な部分が多かったような気がする。もっとも、校長の中からは「本校の生徒の多くは学力の面で受動的な授業でもやっとのことでついて行っているので、深い学びをさせるのは非常に困難だ」との声も聞こえる。しかし、どのような学校でもそこの生徒なりに工夫した深い学びへの試みはあり得ると思う。
　ここで問題となるのが、深い学びを求めて工夫を重ねれば重ねるほど、どうしても授業の時間的な効率が低下しがちであるということである。この解決には、学習指導要領の内容の工夫に重ねて、１クラスの生徒定数の削減等の政策的な転換が有効となる。国の施策として未来を見つめる方針転換は必要であると思うが、その実行には財政的な支援も含めての積極的な実行支援体制が不可欠であると考える。
　ここまでは国への要請を記したが、最も大切なことは、各学校における生徒の状況に合わせた具体的な取組みであり、それを立案し推進するのが校長の職務である。「主体的・対話的で深い学び」に限らず、それぞれの学校において所属する各教員が校長の方針を受け止め、授業形態や生徒指

導においてその学校の生徒の状況に合わせた独自の発想による工夫を加えていくことが大切であると思う。この観点から見ると、本書に掲載された取組みはその学校に最適な取組みであると考える。

この度の「校長の実践的学校経営論」を編纂されている宇田津一郎先生は、現役の校長職時代には宮崎県立宮崎西高等学校長を務められるかたわら、県立高等学校長協会会長として県内の高等学校長をまとめられた。そして九州地区高等学校長協会の重職として、広域にわたる高等学校の教育内容に関する研究協議や情報交換を行い、各学校の教育力向上に向けた貢献をされた。ご高齢になられた今日においても変わらずに現役として全国を飛び回り、各地区の高等学校教育の改善に対して力を尽くしておられる行動力には敬意を表するものである。

この度、宇田津先生が全国の先進的な試みを行っている校長先生方に依頼して、このような実践的事例集が発刊されることに、心よりお慶び申し上げます。本書の具体的な内容が全国の校長先生方の新たな学校経営の参考となり、所属生徒たちの日々の学習における新たな旅立ちにつながることを期待しております。

はじめに

　私は宮崎県の高等学校で、教頭2年、校長12年（3校）の管理職を経験し、平成9年3月に退職した。その後、全国の教育機関の顧問や客員研究員等をはじめ、幾つかの県内私立高校の相談役や顧問等をさせていただく中で、全国の公立・私立高等学校を中心に、文部科学省・各都道府県教育委員会・国公私立大学・専門学校等、北は北海道から南は沖縄まで訪問させていただいた。そこでは、高等学校の校長・教頭先生方をはじめ、文部科学省・全国校長会事務局・国公私立大学の先生方・企業経営の方々と交流させていただいた。面談や資料等提供いただく中で私の視野拡大・意識改革・生きがいづくりともなり、ありがたい人生と日々感謝している。

　全国の多くの校長先生方と交流させていただく中で、学校経営、教職員の人材育成や研修、生徒一人ひとりの教育指導、保護者・地域の関係機関との関わり等、日々、努力をされている状況を多く見聞きし、勉強になるとともに、参考になる話や課題等多く伺ってきた。

　近年、校長先生方の仕事も多岐にわたり、忙しくなり、学校予算等も厳しくなっていることもあって、全国高等学校長協会の総会や研究協議会にもなかなか出席できない状況にあるという話を聞くことがある。特に、地方の校長先生方はご苦労があるようにも聞いている。

　このようなことを踏まえ、日頃、情報収集や交流に苦労されている、地方で頑張っておられる校長先生方の地道な努力を何かつなげて交流できる場をつくることはできないかと考え、特に、都道府県を超えて、退職された校長先生方も含め、今後の高等学校教育にも資する交流の場づくりに貢献できないかと常々、考えてきた。

　この度、全国行脚を重ねてきた中で、お世話になった、各都道府県で活躍してこられた現職・退職の校長先生方に声を掛けさせていただき、「校長の実践的学校経営論」として本書を編むこととなり、こうして、全国の現職・退職された校長先生方のおかげで刊行できたことに深く感謝してい

る。本書が今後の高等学校教育の発展に少しでも役立つことがあれば望外の喜びである。

　校長先生方には、特に次のような観点等についてご執筆いただいた。
（1）校長としての哲学・リーダーシップの視点、座右の銘や、校長として取り組んできたこと、学校経営の取り組みで重視してきたこと（専門学科の先生は特にその分野において配慮してきたこと）など
（2）危機管理対策として留意し、取り組んできたことなど
（3）教職員、生徒、保護者等に語り続けてきたことなど
　このほかにも、副校長・教頭、事務長、主幹・主任等や先生方への指導・助言等や、将来管理職を目指す方々に期待すること、などについても書いていただいた。お忙しい中、全国の54名の現職・退職の校長先生方の実践的な体験を踏まえて、改革・挑戦・苦労などとともに、創意工夫に満ちた玉稿をお寄せいただき、お会いした多くの先生方のお顔が浮かび、あらためて、私も多くの学びとなりありがたく思っている。

　本書がご執筆いただいた全国の先生方の「輪」となって結束が深まり、交流の場となればと思っている。同時に、全国の校長先生方や副校長・教頭先生方、また、今後、管理職となる全国の先生方のヒントとしていただければ幸いである。また、本書は、10年来、交流をしている藤原善行先生にご協力をいただき、共著とさせていただいた。

　なお、刊行に当たり、長年お世話になっている文部科学省の合田哲雄・初等中等教育局財務課長には「刊行に寄せて」の言葉と、新しい高等学校学習指導要領のねらいを的確に解説された「『出藍の誉れの時代』における高校教育と校長の役割」の論考を、また、元全国高等学校長協会長、前全国高等学校長協会事務局長、現協会顧問の小栗洋先生には、ご多用の中、「刊行に寄せて」のお祝いの言葉を賜りました。お二人の先生方に御礼申し上げ「はじめに」の言葉といたします。

平成30年5月
　　　元宮崎県立宮崎西高等学校校長（現教育機関顧問）　宇田津一郎

『校長の実践的学校経営論』 目次

刊行に寄せて……………………………………………………合田哲雄　2
刊行に寄せて……………………………………………………小栗　洋　4
はじめに………………………………………………………宇田津一郎　6

巻頭論文／「出藍の誉れ」時代における高校教育と校長の役割
……………………………………………………………………合田哲雄　11

第1章　理念・哲学を語り、率先垂範で生きよ
——私の教育哲学論 …………………………………………… 19

① 「自他の尊重」を胸に刻んで
　——"Respect yourself and others" ……………… 川上圭一　20
② 校長になっても学び続ける ……………………………… 松井　太　23
③ あわてず、あせらず、あきらめず ……………………… 古谷修一　26
④ 自他肯定感を育む教育の実践 …………………………… 藤田克昌　29
⑤ 誰かのために生きてこそ人生には価値がある ………… 藤澤春和　33
⑥ 私の出会った大切な「言葉」たち ……………………… 加藤知之　37
⑦ 謙虚に"知"と"仁"を楽しむ …………………………… 天羽博昭　40
⑧ 人は皆、名伯楽たらんと心すべし ……………………… 仁田原秀明　44
⑨ 「一隅を照らす」………………………………………… 黒木淳一郎　49
⑩ 日々新たなるビジョンを求めて ………………………… 山崎　巧　52
⑪ 学校の組織力を高める校長の話術 ……………………… 中川幸久　55
⑫ 郷土の偉人の思いを学び、生徒に伝える ……………… 児玉康裕　58
⑬ ビジョン、先駆け、協働 ………………………………… 和田美千代　61

第2章　組織力を高め、改革を推進する
──困難を乗り越え、課題解決を図る戦略 …………………… 65

① 学校改革に必要な三つの視点 ……………………………… 小島晶夫　66
② 盤石な組織をつくる研修体制の充実 ……………………… 前田　豊　69
③ 未来を創る生徒たちの「生きる力」を育むために ………… 星野真理　72
④ ワンポイント校長の高校看護教育論 ……………………… 佐藤仁作　76
⑤ 学校経営ビジョンを実現するために必要なこと …………… 丹生長年　79
⑥ 「改革」という名の人材育成 ………………………………… 篠原有三　82
⑦ 不可能という呪縛への挑戦 ………………………………… 諸見里明　85
⑧ 学校改革を円滑に進めるための重要ポイント ……………… 山本朝昭　90
⑨ 日本一の商業高校生を目標に ……………………………… 宮崎　功　94
⑩ 魅力ある学校づくりの三つの着眼点 ……………………… 永田彰浩　97
⑪ 質の高い教育活動の展開を可能にする組織マネジメント … 松尾敏実　100
⑫ 「顧客」視点に立った選ばれる学校づくり ………………… 宮崎芳之　103
⑬ トップダウン＆ボトムアップ方式で教職員の意識改革を図る… 平塚正明　106
⑭ 志願倍率0.48から1.2へ。学校活性化の秘訣 ……………… 長　俊一　109
⑮ 学校経営はおもしろい！　リーダーシップを楽しもう …… 濱田久美子　113

第3章　全員参加で、活力ある学校をつくる
──生徒・保護者・教職員・地域とともに ………………… 117

① 教職員の協働体制づくりと地域との連携 ………………… 岡田　聡　118
② 「おらほ」の学校を目指して ………………………………… 笹木正信　122
③ 看護教員確保から看護科普通教諭への育成の使命を胸に … 飯沼和男　125
④ 個に寄り添い、一人ひとりの目標実現を支援する ………… 石浦外喜義　129
⑤ 何でもできる校長ではないが、何もできない校長ではない … 荒川由美子　133
⑥ 学校改革を実現するデザインのチカラ …………………… 岩崎　靖　136
⑦ 「よりよい解」を求めて教師も校長も成長する学校に …… 三浦隆志　139
⑧ 私学教育とともに50年 ……………………………………… 藤原昭悟　142

⑨　地域から信頼され応援される学校を目指して ……………… 飯伏良広　147
⑩　変えられるものと変えてはならぬもの ……………… 小路口真理美　150

第4章　未来を担うリーダーたちに伝えたいこと
　　　──変革の時代に向き合って ……………………………………… 155

①　学校への期待をつかみ、展望を示すことこそ校長の役割 ….. 久芳善人　156
②　それぞれが役割を自覚し、活発な意見交換を ……………… 織田敦子　159
③　学校はチーム。目指す方向性を共有すること ……………… 佐倉正樹　162
④　安全・安心のホームグラウンドをつくる ………………………… 土本　功　165
⑤　情熱とマネジメント力が学校を変える ……………………… 岩武茂代　168
⑥　背中を常に意識して事に当たる ………………………………… 田淵敏彦　171
⑦　生徒の心に火をつける教師たれ！ ……………………………… 小成善保　174
⑧　多様な人々との出会いがリーダーの基礎をつくる ………… 中原博明　177
⑨　「学力を含めた人間としての総合力」を育む学校経営 ……… 藤原善行　182
⑩　変化の時代に校長はどうあるべきか ………………………… 森永和雄　185
⑪　学校力、教師力の向上を経営の柱に …………………………… 今井　悟　188
⑫　3人の校長の実践とその思い ………… 神谷　孝・狩俣幸夫・與那原岺子　191
⑬　学校は「背中を押してくれる場所」であってほしい ………… 太田　孝　195
⑭　リーダーを目指す方々へ ………………………………………… 長野　博　198

おわりに ……………………………………………………………………… 宇田津一郎　201

巻頭論文

「出藍の誉れ」時代における高校教育と校長の役割

文部科学省初等中等教育局財務課長　合田哲雄

未来社会で求められる資質・能力

　人工知能（AI）の飛躍的進化、Society5.0、第四次産業革命…と未来社会を語る言葉は多い。GoogleのAI「Alpha GO」が囲碁の世界チャンピオンを負かし世界に衝撃を与えたのはすでに2年も前。「AIが進化して人間が活躍できる職業はなくなるのではないか」「今学校で教えていることは時代が変化したら通用しなくなるのではないか」という不安を前に、私を含む教育関係者が浮き足立つのは当然かもしれない。

　AIは与えられた目的の中で処理を行っている。他方、AIに与えるこの目的の良さ、正しさ、美しさを考えたり、複雑な状況の中で目的を組み換えたりといったことができることが人間の強みであり、目の前の高校生はAIが「解なし」と言ったときに本領を発揮しなければならない。ただ、そのための力は今の学校教育では到底及ばないような超人的なもので、AI時代を切り拓くのは一部のエリートなのだろうか。

　そうではない。最前線で価値を創出しているAI研究者や起業家は、Society5.0時代に人間に求められるのは、データや明確な定義のある構造のなかでその力を発揮するAIにできないことだと異口同音に指摘している。

　そのことを前提に、今回の学習指導要領改訂の議論において、AI研究の最前線に立つ松尾豊東京大学准教授や新井紀子国立情報学研究所教授がAI時代に求められる資質・能力として冷静に指摘しているのは、

・教科書や新聞、新書などの内容を頭でベン図などを描きながら構造的に正確に読み取る力
・歴史的事象を因果関係で捉える、比較・関連付けといった科学的に探究する方法を用いて考えるといった教科固有の見方・考え方を働かせて、教科の文脈上重要な概念を軸に知識を体系的に理解し、考え、表現する力
・対話や協働を通じ、他人の頭のなかにある知識やアイディアを活用してでも新しい解や「納得解」を生み出そうとする態度

などであり、このような力を持った市民の厚みが未来社会にとって最大の鍵となっている。

　これらは、「書くことは考えること」という指導や、「学び合い」「教え合い」の学校文化、教科教育研究や授業研究といった固有の財産を持つ我が国の学校教育が140年にわたって重視してきた力そのものである。また、このような社会の構造的変化のなかでこそ、社会経済的な価値の創出という次元だけではなく、人間存在としての価値や人格とは何かが問われている。

学習指導要領改訂

　だからこそ、2017年３月の小・中学校学習指導要領改訂及び2018年３月の高等学校学習指導要領改訂においては、これまでの我が国の学校教育の財産を土台に、子供達をめぐる家庭環境や情報環境の変化を踏まえつつ、小学校低学年から高等学校（「現代の国語」「論理国語」等）に至るまで、語彙の確実な習得や共通－相違、原因－結果、具体－抽象といった情報と情報の関係性の理解など、教科書の内容を正確に理解するための学びを重視している。

　また、「主体的・対話的で深い学び」の実現のための授業改善を学習指導要領の総則に規定したのは、プレゼンやディベートといった授業方法の刷新自体を目的としたものではない。例えば、中学校理科の「化学変化と質量の変化」という単元では、そこで扱う知識・技能に加え、「化学変化について観察・実験を行い、原子や分子と関連付けてその結果を分析して解釈し、化学変化における物質の変化やその量的な関係を見出して表現する」と、思考力・判断力・表現力等を明記した。物質は化学変化によって見た目は変化するが、その奥底には共通する構造や法則が存在する。それを踏まえて考えることが科学的に思考することだと伝えてきた理科教育の思いを可視化したものであり、このような力を育むために、単元という内容のまとまりのなかで毎回の授業を目の前の子供達の状況に応じてどう組立てるかについての理科教育の蓄積を共有し、引き継ぎ、発展させること

を重視したものである。このような学びがあってこそ、今回の改訂において新設された「理数探究基礎」「理数探究」も活きてくる。

　社会では、「いい国つくろう鎌倉幕府」と年号と歴史的事象を記憶させてきただけではなく、鎌倉幕府が開幕したことの中世における意味や他の武家政権との違いについて子供達に考えさせ、「中世」や「幕府」、「武家政権」といった概念を軸に知識を構造的に理解させてきた。日本史と世界史の垣根を取り払い、近代化、大衆化、グローバル化といった歴史の転換に着目しながら、自分事として近現代史を捉え、考える「歴史総合」が今回の改訂で共通必履修科目として位置付けられた。生徒が現代に生きる意味とは何かを時間軸を通して学ぶ上で、歴史的な見方・考え方を働かせて重要な概念を軸に知識を構造的に理解する学びが重要な土台であることは論を俟たない。

　AI時代に求められる力は特異で突出した能力ではなく、理科や社会を含むすべての教科等においてその固有の見方・考え方を働かせて、概念を軸に知識を構造的に習得し、考え、表現する力。学校での学びと未来社会を架橋する教科固有の見方・考え方を重視し、それを可視化したことも今回の改訂の特徴である。

高校教育改革の最前線

　福岡県教育庁高校教育課長として仕事しているときに最も印象深かったのは、我が国の専門高校の水準の高さだった。福岡農学校以来の140年の伝統が今も活きている福岡農業高校、「命の教育」で全国的に有名な久留米筑水高校、卒業生が実業界に引っ張りだこの小倉工業高校など、枚挙にいとまがない。このように我が国の専門高校はそれぞれの分野について水準の高い教育を行っているとともに、商業検定やジュニアマイスターなど校長会が主体となって教育の質保証を行っている。

　他方、普通科高校においても、この20年間、一部においては、今回の改訂の趣旨を先取りし、教育の質的転換のための先駆的な取り組みが行われている。例えば、福岡県立城南高校の「ドリカムプラン」。この画期的で

体系的な進路指導は、「主体的・対話的で深い学び」（アクティブ・ラーニング）の先駆であり、九州大学21世紀プログラム入試等でも顕著な成果を上げるとともに、全国の高校のキャリア教育に大きな影響を与えた（巻頭拙文「刊行に寄せて」参照）。

荒瀬克己大谷大学教授の『奇跡と呼ばれた学校』（朝日新書）は、京都市立堀川高校の校長として同校に探究科を設置し、生徒自ら設定する人間探究から自然探究にわたる多様なテーマの探究活動を軸に、学校全体の学びを質的に転換した経緯や成果が克明に綴られている。この堀川高校の探究活動のレベルを飛躍的に上げる一助となったのが、2002年にスタートしたスーパーサイエンスハイスクールである。200校を超えるSSHの卒業生たち（第１期生はすでに30歳に達している）は国内外の大学や研究機関において研究者として勤務したり、日本学術振興会の「育志賞」受賞といった卓越した業績をあげたりしている。

離島初のスーパーグローバルハイスクールに指定された島根県立隠岐島前高校は、島前３島をまるごと学校の舞台としている。地元の生徒と全国から島留学（県外募集）で集まった多様な生徒が協働しながら、離島という特性を生かした地域課題解決型学習を行うとともにブータンやロシア、シンガポールとの国際交流などを通じて、グローカルな学びを重ねている。Sony退職後海士町に移り住み、教育魅力化特命官として隠岐島前高校をプロデュースしている岩本悠氏などの『未来を変えた島の学校』（岩波書店）のとおり、この地域の未来を担う人づくりは地方創生に取り組む多くの自治体や高校から注目を集めている。

他方、義務教育の内容の習得が必ずしも十分ではない高校生に対して、基礎から徹底して指導し、着実に学力を定着させている高校の取り組みも見逃してはならない。千葉県立姉崎高校は、義務教育段階も含めた基礎学力の定着と向上を図るため、学校設定科目「マルチベーシック」を導入し、ステップ方式の教材と学力診断カルテの活用により、生徒の達成感の向上や希望進路の実現など大きな実績を上げた（白鳥秀幸同校元校長『「学び直し」が学校を変える！』日本標準ブックレット）。東京都の「エンカレ

ッジスクール」など義務教育の学び直しをしっかり行うことにより、生徒の資質・能力を引き出し、可能性を広げようとする取り組みは確実に広がっている。

高校教育の課題と高大接続改革

　このように、個別の高校に着目した場合、教育の質的転換のための先進的な取組が進んでいる一方で、残念ながらボリュームゾーンの高校生の学校外の学習時間がこの20年で半分になっている。なぜだろうか。前述のとおり専門高校は別として、普通科高校の質の保証は大学入試に依存してきたことがその大きな理由と言えよう。事実的知識を文脈に関係なく多肢選択式で問う入試に対応するためには、教科固有の見方・考え方を働かせて考え抜く学びよりも知識再生型の反復学習を重視せざるを得ない。他方で、入学者選抜で学力を問わない大学の存在は高校生の学びのインセンティブの底を抜けさせている。今、高校学習指導要領改訂と高大接続改革（大学入学共通テストと学びの基礎診断の導入）が一体的に行われているゆえんである。

　新井紀子先生が開発しているAI「東ロボくん」が最も得意なのは世界史の五肢択一式試験。ウィキペディアを全部記憶すれば五肢から一つ正解を導き出すことができる。五肢択一式問題に対応するために知識を習得するだけでは、AIに及ばない。だからといって、AI時代において知識は不要なのではない。概念を軸に知識を体系的に理解して考え、自分なりに表現することが求められており、だからこそ大学入学共通テストには、国語と数学で記述式問題を導入することとしている。

　そのモデル問題や試行問題では、国語において、駐車場使用契約書という抽象的なルールと個別具体の事例を示し、情報と情報の関係性を的確に捉え、考え、文章で表現する力を試す記述式問題が出題されている。数学では、Tシャツの売上の最大化について二次関数を使って考えさせている。

　他方、学びの基礎診断は、前述の姉崎高校の極めて意欲的な教育実践な

どを参考にしている。入試に依存するのではなく、学びのインセンティブを創り出すことが学びの基礎診断の目的である。

専門性を軸に教育課程全体を捉え直す

　このように、今、入試をはじめ高大接続の構造が大きく変わろうとしている。その目的は、高校生が未来社会を担うために必要な資質・能力を育むことにほかならない。

　その資質・能力がこれまで述べてきたように、我が国の学校教育が本来大事にしてきた力そのものであることを踏まえると、まず立ち返るべきは担当教科に関する専門性であろう。例えば、歴史を専門的に学んだ地理歴史科の担当教師は、歴史教科書の脚注をただ覚えろという指導のためではなく、歴史を知る楽しさ、歴史を学ぶ意味、歴史を因果関係で捉えて考えることの社会生活における大事さを伝えたいと思って教職を志したのではないだろうか。語彙を表現に活かす、数学を日常生活に活かして考える、観察・実験の結果をめぐって科学的に考え議論する——本来、我が国の学校教育のお家芸とも言えるこのような教育活動こそが、AI時代にあって人間としての強みを発揮する上で不可欠な学びである。

　入試改革もアクティブ・ラーニングもEdTechもこのような学びを実現するための重要な道具立てであるが、一人一人の教師にまず求められるのは、教職としての原点に立ち帰って、担当教科に関する専門性を捉え直し、高めることであると考えている。このことは担当教科に閉じこもることを意味しない。担当教科が義務教育でどう扱われているか、他教科とどうかかわっているかを知ることは専門性の重要な基盤であり、教え方については蓄積豊富な小学校教育、ホリスティックに子供達の成長を支える幼児教育、そして資質・能力に着目して個別性の高い教育を行っている特別支援教育に学ぶべきことは多い。

「出藍の誉れ」時代の高校教育と校長の役割

　子供達がわれわれを乗り越えて新しい価値を生み出すことによってのみ

未来社会は形を現してくる。未来社会は「出藍の誉れ」時代であり、すでに今、時代の歯車を回し、イノベーションで社会をけん引しているのは、大企業や霞が関の官庁の組織人・ホワイトカラーよりも、20代でNPOを立ち上げたり、起業したりしている多くの若者である。社会的な価値創出の現場では、これまでの感覚では考えられないような地殻変動が生じている。

そのなかで求められているのは前述のような普遍的で基礎的な力であるとともに、AIの本質は数学（数式）であり、そのエンジニアには物理学が求められているなど、Society5.0時代にあって持続可能な社会の担い手となる上で、STEAM教育（理数、アート）の重要性は高まっている。普通科・文系から人文・社会科学系学部へという「ホワイトカラー養成コース」が大勢を占める我が国において、生徒の3分の2が理系の長崎県立長崎西高校が未来の高校のように感じる背景である。このような社会の構造的変化のなかにあって、大学名や組織・肩書のみにとらわれるのではなく、教師が自らの目で、どういう人がどんな力を持っていて、見方・考え方を働かせていかなる価値を生み出しているのかを見極め、学びの意味を生徒に対して自分の言葉で語ることが求められている。

高校教育の転換期にあって校長に最も求められる役割は、社会と学校の間のバッファーとしての機能であろう。我が国の学校教育の質は高い一方で、社会からの要求水準も高い。教師が各教室で授業に全力投球できるようにするためには、社会からの要請を解きほぐしながら伝えたり、逆に自校の優れた実践を社会に発信したりするといった管理職のバッファーとしての役割が大きい。

校長には学校経営についてのビジョンを自分自身の言葉で地域や保護者、新たなパートナーに説明することが求められており、どんな角度からの指摘にも一貫して対話できる構想力は、社会に開かれた教育課程の重要な基盤であると考える次第である。

第1章

理念・哲学を語り、率先垂範で生きよ

私の教育哲学論

「自他の尊重」を胸に刻んで
"Respect yourself and others"

岩手県立盛岡第一高等学校校長　川上圭一

1　「生命(いのち)あってこそ」

　私の校長としてのキャリアは東日本大震災発災から今日までの歩みと符合している。しかも、その2年前に自分自身が病魔に冒され、生命の危機に瀕した経験が、私の人生観、ひいては、教育観に大きな影響を及ぼしたことを記しておかなければならない。

　私が震災直後に赴任した学校における始業式での校長講話の一節を紹介したい。ここに私の学校経営の原点が集約されている。

　《震災直後に、被災した中高校生へのアンケートに関する新聞記事が目にとまった。ヘッドラインには、『中高生　思い交錯』。さらに、網掛けで〈一番やりたいこと「卒業式」〉〈心掛かりなこと「友人の死」〉〈癒されたこと「思いやり」〉と記されていた。さらに、【地震で分かったこと】【(いま)やりたいこと】【10年後(の自分)】に関する記事があって、それぞれ、次のようにその答えが書いてあった。「こんなに簡単に人は死んでいいのかな、と思うぐらい被害が大きくて言葉が出ない」(岩手県高校2年生)、「勉強したい。勉強道具が全部流された」(宮城県中学3年生)、「自分のためではなく、人のために動ける人になりたい」(宮城県高校1年生)》(岩手日報　平成23年3月29日)

　これらを基に、私は校長講話を、1．生命の重さ；生命あること、生かされていることへ感謝の心を忘れず生きること、2．他を思いやる心；自らの生命を尊び、他を真に思いやる心をもつこと、3．自分のなすべきことをなすこと；勉強したいのにできない生徒・学校に行きたいのに学校がない生徒がいる、十分に勉強できる環境を与えられているのだから勉学に勤しむべきであること、の3つで構成することとした。

　この3つの基本的な考え方は、その後勤務することになった教育委員会、

教育センター、再びの教育委員会、そして、現在の高校においても、私の不変のポリシーである。

2 "RESPECT YOURSELF"

　そのポリシーを「3つの誓い」として、私は、生徒、そして、教員で共有することとしている。
　1 Respect yourself.　2 Respect others.　3 Study hard.
　私は、教育行政に携わった関係で、高等学校だけではなく、小中学校を訪問する機会にも恵まれた。小中学校では、教室に、学校目標、学級目標、さらには個人目標なども掲げられているが、「友達を大切にしよう」という掲示はよく目にするが、「自分を大切にしよう」という掲示を目にすることは極めて少ない。しかし、米国の小中学校を訪れた折、"Respect yourself.""Be respectful of yourself." を何度目にしたことか。私は米国を礼讃するつもりはないが、〈他を大切にする〉ことも大切だが、それと同等に、いやそれ以上に〈自分を大切にする〉というメッセージを疎かにしてはいまいかという自省の念に駆られ、しかも、未来ある児童生徒たちの中には、自らの生命を絶つ者が少なからず存在するという現実を前にして、いかなる児童生徒に対しても、高等学校であっても、最優先で伝えるべきメッセージとして機会あるごとに語り続けてきている。

3 「生徒に敬意を払え」

　「生徒の学力向上」と表裏一体の関係にあるといっても過言ではないであろう「教員の指導力向上」は、常に課題であり続けている。その課題の克服に向けて様々な取組を行っているが、その中のひとつ「生徒による教員の授業評価」から学んだことがある。これは、いわゆる学力的には標準レベルにある生徒たちを対象にして行った調査だったのだが、彼らは実に誠実に回答していた。生徒の学力向上に深く関わっているのは、生徒の学習意欲の喚起だと思うが、そのヒントを〈生徒に学ぶ授業改善の視点10か条〉にまとめ、私は、その1を〈生徒に敬意を払え〉と示した。

また、本県のみならず全国的にみても教員不祥事が後を絶たない状況にある。私は、体罰をはじめとする、生徒を対象とした不祥事事案の根源もまた〈生徒に対する敬意の欠如に由来する〉と捉え、教職員に対して〈生徒に敬意を払うこと〉の大切さも語り続けてきた。生徒に敬意を払うことで、教職員の言動も変わり、生徒たちも変容すると信じて。

4　「情報が変われば判断が変わる」

　近年は、学校に対するクレームが少なくない。生徒・保護者、地域住民等からの多種多様な苦情・意見に遭遇する。企業などではよくクレームは改善へのヒントと考えるとよいと聞くが、基本的には学校にも当てはまる事例もあるが、その解決に難渋する事例も少なくない。

　しかし、それらへの対処に対する基本方針は変わらない。事案を徹底的に調査・解明し、事実を確定させることである。よく校長は孤独だといわれるが、校長室に一人でいるからではない。校長は決断を迫られ、その責任を負わなければならないからだ。これが校長たる所以であるわけだが、そのためにこそ正確な情報が不可欠であり、情報が変われば判断が変わると強調し、副校長をはじめとする教職員に、迅速かつ正確な情報提供の必要性を説いてきている。

5　「覚悟」を持って教育に臨む

　現代は「教師力の低下と信頼・尊敬の低落」の時代であり、学校・教師批判を乗り越えて真の教育再生を果たさなければならないと中央教育審議会委員や兵庫教育大学学長等を歴任している梶田叡一氏が論じているが、教員が教員でいることが本当に難しい時代である。ゆえに、私は教員研修の場で教員には覚悟が必要な時代だと説いている。しかし、いま校長にこそもっとも大きな覚悟が求められている。校長に求められる資質は、専門的知識、責任感、判断力、リーダーシップ等枚挙に暇がないが、現代の教育改革の嵐の真っ只中にあって、もっとも求められているのは〈覚悟〉であり、覚悟をもって現代の教育改革に臨まなければならない。

校長になっても学び続ける

広島県立尾道北高等学校校長　松井　太

1　はじめに

　校長としての過去4年弱を振り返ると、何よりも人間としての己の弱さとの戦いであった。その点で、後悔することが多い。今回、こうした機会をいただいたことに当惑を覚えつつも、感謝して、思うことを綴る中で、少しでも共感を覚えていただければ幸いである。

2　仕組みづくりは最低限の担保、それを超えるには？

　進路指導や生徒指導等、最低限の成果を担保するため、慣例とも仕組みともいえるものを積み重ねていくことは大切だが、それだけでは、先生方や生徒は一定以上の力を発揮しない。something else が必要だと思う。場を元気にする something else。このことに直面し、自分に何ができるか、これは常に悩みの種だ。仕組みの修正だけでなく、共感を喚起する言葉がけであるとか、激励や承認であるとか。加えて長年進路指導を進めてきた身として、少し抽象的だが「知識経営」という概念を紹介したい。
　詳細や正確性は書籍『知識経営のすすめ』（野中郁次郎・紺野登著）に譲る。教諭であった頃、毎年繰り返される進路検討の場が、この本にあるとおり、まさに暗黙知と明示知の相互の変換と共有の場である知識創造のプロセスであることに気づいた。その後の会議の場では、この機能を意図的にファシリテートしてきた。生徒に対する思いと、進路適性への言語化されない教師の暗黙知をいかに明示知にし、結合し、判断し、創りだした知識として組織やチームが共有するか。そのプロセスを知識の深化のプロセスとして意図的にサイクル化できるか。このプロセスをファシリテートできるリーダーを育てることが大切だと思う。

3　教師のめがねと学校のフレームワーク

　生徒の高校生活は1回きり。一方、教える側には何度かやり直す機会がある。この宿命的な差を、どう見るか？「自分の狭い思い込みがなければ、生徒はもっといろいろな生き方や機会に触れたり、ものの見方を拡げることができたかもしれない」という思いを大切にしたい。個々の高校生の思いは意外と狭かったり幼稚だったり、逆に意外と深かったりして頼もしい思いをすることがある。学校のフレームワークや価値観の中だけでは、生徒の生を深く捉えることは難しい。時に大人としての対話もあっていい。

　高校（あるいは「学校」）というフレームワークで見たときに、その価値観によく適応したという意味で、高校時代に光る生徒たちがいる。また、学習や部活を一見粛々と行い、実は悶々と過ごす生徒達もいる。生徒たちの10年後、20年後の姿は予想がつかない。光っている生徒が光を失うこともある。粛々と自分の未来を見つめて過ごしてきた生徒が、実社会でbreakthrough を起こすこともある。

　今後の教育課題として、学校の枠とそれに捉われた視野を相対化しつつ、より大きな枠と学びのスパンを視野に入れた自己教育力、異なる他者との協働力をさらに鍛える仕掛けが必要だと思う。「社会に開かれた教育課程」をそのように受け止めている。学習者として生徒のモデルであるべき教師も、そして校長も、これまでの各自の知の枠組みを超える必要に迫られる。生みの苦しみが伴うだろう。本県教育施策「学びの変革」も、校長としての時代認識を深め進めていきたい。

4　生涯を学び続ける私人として

　時に思う。日本社会が産業社会の段階を超え成熟に向かう現在、相当数の生徒にとって学校と部活の時間が多くを占めすぎていないのか？「第三の場所」が必要ではないのかと。生徒によっては、わずかに残るその時間が、進学のための学習塾やネットへの依存に占められているとしたら残念である。「第三の場所」、言い換えれば私人としての領域を豊かにするために、学校教育が提供できる機会やモデルは存在するのか？　地域コミュニ

ティや企業・大学の方々を生き方・働き方のモデルとして、教育のリソースに位置付ける取組は今後もさらに重視されるだろうが、生涯学ぶ者としてのモデルという発想はどうだろうか。こうした視点をカリキュラムに取込むファシリテート力が、教員の資質として今後さらに必要となるだろう。

我々校長も同じである。人として、私服を着ている時の己を見つめてみる。私人としてどうなのか？ コミュニティの一員としてどうなのか？

5　学習者として学び続ける

校長という道を選んだ自分の人生を引き受けるには、ある覚悟が必要だ。そして引き受けた以上、常に学び続け、働きかけ、その結果を引き受ける。

たくさんの視点から学び続ける必要がある。必然、多くの矛盾を抱えることになる。信念や自分の枠組みが揺らぐことは多い。そのことを恥じてはいけない。矛盾したことをつなげ、新しい視点に編集する力が求められる。学び続けるとはそういうことだと思う。だから己の知識と想像の限り、色々な視点から学び、揺れつつも己の軸を探り、そこに立って、生徒を、職員を見守り、働きかける。そしてフィードバックを厳粛に受け止める。

どこに立つか？ 多様な立ち位置がある。例えば、先頭に立つ、足で赴きその場に立つ、最後尾に立つ、巷間に立つ、職員の仕事の場の只中に立つ、生徒の立場に立つ、保護者の立場に立つ、歴史的視点に立つ、生態系をめぐる様々な立場に立つ、多様な先人・同時代人の視点に立つ、等々。

そして俯瞰し編集し続ける。

6　おわりに

未来を創る生徒たちの生に対する畏敬の念を忘れないでいたい。苦しい時、生徒のさりげない笑顔と挨拶に救われる。この仕事に感謝する瞬間だ。

あわてず、あせらず、あきらめず

山口県立宇部高等学校校長　**古谷修一**

1　はじめに

　強いリーダーシップで学校改革を行う校長、話し上手で教職員にやる気を出させる校長など、いろいろなタイプの校長がいる。自分はどのような校長かと問われると、答えに窮するが、これまで校長として、「今日より明日をよくする」という気持ちを大切にし、様々な課題に対しても「あわてず、あせらず、あきらめず」を信条に学校経営に取り組んできた。

2　県内高校初のコミュニティ・スクール

　校長として最初に着任した美祢青嶺高校は、美祢市内唯一の公立高校ということもあり、地域からの期待も大きい学校で、ボランティア活動や、地域と連携した活動に積極的に取り組んでいた。それまでの取組を礎に学校、家庭、地域がより一層連携を図り、学校と地域の活性化をめざした活動に取り組んでいきたいと考え、平成28年度に県内高校初のコミュニティ・スクールとなった。年3回の学校運営協議会では、委員の方々から、地域の思いや学校への期待など、様々な話を聞くことができ、大変有意義であった。そして、まじめな生徒や前向きな教職員、協力的な地域の方々に支えられ、特色ある教育活動を展開することができたと思っている。

　生徒が多くの地域貢献活動に熱心に取り組み、それらの活動が地元テレビや新聞などに取り上げられることが増えていくとともに、生徒が地域の方々から感謝や激励の言葉をかけられる機会も多くなった。また、校長を含め教職員も、積極的に地域の行事やボランティア活動に参加するよう心がけた。一方で「企業からの技術支援」「郷土料理実習」など、地域から学校への支援も多くあり、学校、家庭、地域が一体となって生徒を育てる活動を順調にスタートさせることができたと思っている。

3　SSH、SGH、そして探究科

　校長として次に着任した宇部高校は、SSH と SGH の指定を受けており、さらには、平成29年度から理数科を募集停止し、新たに県内初の探究科が設置された。校内体制や活動内容などは前任の校長が作り上げておられたので、自分はそれを円滑に運営していくことが大きな仕事であった。

　年度当初、先生方にお願いしたのは、①失敗を恐れずに新たな教育活動に取り組むこと、②成果と課題を明確にし、課題解決の方策を考えること、③協働して業務に当たること、の3点である。

　具体的な取組としては、1年生全員が行うミニ課題研究、海外の姉妹校や県内大学等の留学生との国際交流、英語による課題研究発表、地域の課題解決に向けた活動・発表など、数多くの質の高い活動を行った。また、これらの活動の広報にも努めた。

　様々な活動を展開していく中で、学校全体が活性化していく実感はあるものの、活動の計画・運営に直接携わる教職員の苦労は大きいものがあり、今後、教職員の業務時間の削減等に取り組んでいく必要がある。

　教育改革が進み、学校における学びの形が大きく変化する中、教員の意識改革を図りながら、主体的、対話的な深い学びができる教育活動を展開していき、今後も「百年先を見て、人を育てる学校」として魅力ある学校づくりを進めていきたいと考えている。

4　校長としての危機管理

　生徒の状況や学習環境等を把握する中で、問題行動につながるようなことはないか、事故が起きやすい箇所はないかなど、常に危機意識をもち、未然防止に努めてきた。そして、もし、問題が発生した場合は、迅速に、誠実に、組織的に対応すること、また、ケースによっては、学校のみで問題を解決しようとせず、関係機関の協力を得ながら適切に対応することを教職員に機会あるごとに指導してきた。

5 校長として心がけてきたこと
・トップダウンとボトムアップを組み合わせながらの学校運営
・「責任は自分がとる」という覚悟
・様々な人と交流を図る、新聞や本を読むなど学び続ける姿勢
・文書ファイルの整理や校長室の整頓
・「凡事徹底」などの短い言葉で、校長としての教育方針を周知

6 教頭に期待すること
・いつも明るく、元気に、楽しそうに教頭業務を行う
・「報連相」だけでなく、解決策や対応方法などを提言する
・校長の考えを自分の言葉で教職員にしっかり伝える
・教職員にはできるだけいろいろな分掌を経験させる
・小さなことでもよいので改善を図っていく姿勢を教職員に見せる

7 おわりに
　「凡庸な教師はただ話す。良い教師は説明する。優れた教師は態度で示す。そして、偉大な教師は心に火をつける」という有名な言葉があるが、教師を校長に置き換えて考えてみて、自分はまだまだ努力が足らぬと思う日々である。

自他肯定感を育む教育の実践

愛媛県立今治南高等学校校長　**藤田克昌**

1　はじめに

「このような活動は初めてで、本当に幸せな時間だった。自分の長所を認められるようになり、自分が好きになった。人の嫌なところばかり見えていたが、友達の良いところを知ることができてよかった。今までは過去のことばかり考えていた。今後は未来を見据えて今を生きるようにしたい」

私は二学期終業式の前、全校生徒（約700名）をペアにして、「今学期頑張ったこと」を相手に伝え、相手は「その中ですばらしいと思ったこと」を返し、その後感想をシェアするというワークを行った。約5分間の活動ではあったが、生徒の目の輝きが増し、

空気がより温かくなった。その後の生徒の変容も顕著であり、持続的である。上記は実施後の感想である。

私は県立松山西中等教育学校の学年主任をしていた頃、宇田津一郎先生のお取組を知り、先生に「松西フロンティアプログラム」策定へのご指導をいただくとともに、教員研修や保護者啓発をお願いした。それ以来、先生には人間教育的視点に立った進路指導についてご指導いただいている。私がこの寄稿のお話をお受けした理由は、冒頭の活動に関係するが、詳しくは後段で述べたい。

2 これまでの取組

(1) 県立図書館長時代（平成25年度・26年度）

「遠隔地返却サービス」「雑誌スポンサー制度」「授業 DE ブックトーク」等、県民の「ニーズ」に応えるため、各方面の御理解を得て、実現に至った。「ネットワークとフットワーク」を大切にして取り組んだ2年間だった。

(2) 県立丹原高等学校長時代（平成27年度・28年度）

丹原高校は創立116年（平成28年現在）の歴史を誇る伝統校。「丹原高校魅力化・活性化プロジェクト」「丹原高校健全育成・活性化連絡協議会」「おこめん料理コンテスト」の発足など「求められる学校づくり」に努力した。

(3) 県立今治南高等学校長時代（平成29年度・30年度）

県立今治南高等学校は創立93年（平成30年現在）を誇る伝統校（普通科・農業科）。全国に誇れる木造校舎、札幌農学校の時計台を模して設置された時計塔がある。校訓「鍛」の精神を継承する、活力のある学校である。

「すべては心の現れ」というが、これまでの職場でのさまざまな学びから、「心を開発する」ことを主眼に取り組みたい、と考えて赴任した。

私は、入学当初のアンケート結果等から、自己肯定感に課題のある生徒もいる現状を知り、他の取組とともに、教育の原点に立ち返り、「本来の自分を引き出す教育」を行うこととした。また、様々な活動を通して自他の良いところに焦点を当てる「美点の発見」を教育の柱として導入した。

①教科指導では、英語の授業の中で、英語で相手を褒め、どう感じたかを伝え合うなどのペア活動を取り入れた。「日本語では言えないことも英語なら伝えやすく、とても楽しく、うれしかった」という意見も多かった。

②人権・同和教育では、特にいじめ防止や対策に効果があった。課題があった生徒も、本来の自分を知ることで、立ち直っていく。自分、友人や親、過去の体験への見方が変わることで、人間関係が劇的に改善してい

る。
③全校・学年集会やＨＲ活動でも行い、生徒に大きな変容が見られる。自尊感情とともに、親や周囲に対する真の「感謝」の気持ちが育っている。
④教職員についても、自分や生徒、学校などの美点を発見する取組を行っている。心の壁が取り除かれ風通しが良くなることにより様々な状況が改善されていると感じる。教職員のメンタルヘルスケアにも有効であると考える。

「美点の発見」等により、生徒本来の良さが引き出され、学校がさらに落ち着き、魅力化し、地域から高い評価を受けてきていると感じている。

3　私がこれまで特に大切にしてきたこと

①「県民・生徒に焦点を当てる」
　行政であれ、学校教育であれ、人々の「ニーズ」を見極め、それが満たされる方向に向かわなければならない。
②「わかる授業を目指す」
　教師は授業で勝負。授業力が学校力を左右する。
③「文武両道を推進する」
　学校活性化のためには部活動や学校行事、ボランティア活動が大切である。ただ、活動には時間のけじめが必要である。
④「生徒指導を充実させる」
　基本的生活習慣の確立などを図る生徒指導の基盤の上に、学習指導や進路指導の充実がある。
⑤「自他を認める心を養う」
　生徒の自己・他者肯定感が大切である。また、教師も自分を認め、全ての生徒への「愛の心」を持つことが重要である。

4　まとめ

　今、最も強く感じることは、「心」を重視した教育が大切であるということである。日本人は自他を認める機会が少なく、自分を否定して「う

つ」になったり、他人の良いところが見えず「いじめ」たりしてしまう例も多い。これからの教育は、どの学校でも知識を学ぶ「インプット教育」から、自他の良いところ・本当の自分を引き出す「アウトプット教育」へと向かうべきだと考える。私はこれが社会全体に広がることを切に念願している。

　本校は、先生方のおかげでどの部活動等も素晴らしい成果を上げている。平成29年の「愛顔(えがお)つなぐえひめ国体」ではボート競技が優勝・準優勝・入賞、ボウリング競技が団体・個人で準優勝に輝いた。選抜県大会でボート部が優勝等で全国大会出場を決め（全国準優勝）、他にも、卓球部、ハンドボール部、弓道部が四国大会への切符を手にするなど活躍している。学習時間もかなり延びている。「学校の雰囲気がさらに良くなっている」という声もある。

　先日、メンターの先生から「国家と人類の繁栄と幸せには、教育は最も大切です」というお言葉をいただいた。自他を認めて、自ら幸せな人生を送るとともに、自国の文化を愛し他国の文化を尊重する姿勢を持って世界の平和に貢献する若者を育てることが、私たち教師の使命であると考える。

誰かのために生きてこそ
人生には価値がある

前福井県立武生高等学校校長　現福井県・仁愛大学キャリアアドバイザー　**藤澤春和**

1　はじめに

　教師の仕事は、未来ある子ども達を育てる夢のある仕事である。作家の三浦綾子さんの『氷点』の中に、「一生を終えてのちに残るものは、われわれが集めたものではなくて、われわれが与えたもの」という言葉がある。教師の仕事は、子どもたちの豊かな人生の基盤となる教育を提供できるすばらしい仕事であり、それをマネジメントする管理職の仕事も大変やりがいがあるものである。管理職として勤務した8年間を振り返り、学校運営上の最も大切にしてきたことを三つ挙げたい。

2　校長講話で生徒に夢や希望を与える

　校長が子どもたちに直接話しかけることができるのは、始業式や終業式などの講話であり、プレゼンの仕方も含めて日頃から準備が必要である。様々な工夫があるかと思うが、一つの方法として名言を活用している。日頃から本や新聞などで印象に残った言葉を書き留め、講話の中で引用してきた。講話の説得力を高め、子どもたちの心をつかむには、話している内容の信頼性、興味関心・面白さ、論理性などが大切である。偉大な人物の言葉には、その人間的な魅力を背景にした信頼性があるため、子どもたちの心にアピールするものがある。また、心理学や哲学などの学説は、論理性があり、子どもたちの意欲を高めるのにも効果的である。

　講話のストーリーを作り、次のような名言や学説を盛り込んで、内容がより子ども達の心に残るよう心がけた。

【引用した名言の例】

「誰かのために生きてこそ人生には価値がある」(アインシュタイン)
「強い者、賢い者が生き残るのではない。変化できる者だけが生き残る」(ダーウィン)
「大きな夢を持って朗らかに生きよう」(南部陽一郎)
「志あれば道あり」(大村智)
「意志あるところに道は開ける」(リンカーン)
「どんな喜びも行動なしには生まれない」(アラン)
「成功とは小さな努力の積み重ねだ」(ボルト)
「欠点のすぐそばに長所がある」(茂木健一郎)

【自己実現に関する講話の中で引用したマズローの欲求5段階説】

アメリカの心理学者マズローは、人間の欲求を大きく五つに分けている。**「生理的欲求」**(食欲、睡眠など生命を維持するために必要な欲求)、**「安全欲求」**(危険やリスクから身を守りたいという欲求)、**「社会的欲求」**(社会や他人とつながっていたいという欲求)、**「尊敬の欲求」**(他人から承認、尊敬されたいという欲求)、**「自己実現欲求」**(自分の能力を発揮して自分がやりたいことを実現したいという欲求)の五つである。低次元の欲求が満たされていくと、より高次元の欲求を求めるようになる。

3　身につけたい、育てたい資質・能力を明確にする

　グローバル化や少子高齢化、AI（人工知能）の進化など社会の急激な変化を背景に、国の教育改革も進んでいる。その中でポイントとなるのが、「主体的・対話的で深い学び」と「社会に開かれた教育課程の実現」ということである。これまでも、学校を地域に開き、学校と地域が情報を共有することが求められてきたが、これからは、さらに踏み込んで、学校が、子どもたちに育成すべき資質・能力を明確にし、家庭や地域と一体となって有用な人材を育てていくことが一層重視されることになる。

武生高校では、「子どもたちに育てたい資質・能力」について全教職員で議論し、次頁の図のように三つにまとめた。一つは「知識」(Knowledge)、二つ目は「思考力」(Thinking)、三つ目は「情熱・行動」(Forward & Future　未来へ向けて一歩前へ踏み出す）である。

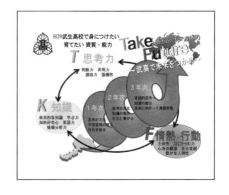

「体系的な知識を身につけ、知識を活用して深く考え協働し、社会を変えていこうとする情熱・行動力にあふれた人材の育成」を目標にしている。この目標は結果的に学力の3要素に近いものとなったが、全教職員で共通理解を図り、子どもたちや保護者にも説明し、全校体制でグランドデザインの実現に向けて取り組んだ。教職員も、どんな生徒を育てたいか目標（ゴール）を明確にすることで意欲も高まる。

4　管理職が変われば学校が変わる

　管理職は学校のリーダーであり、リーダーによって組織は変わる。リーダーは自分の理念や哲学をもっていることが必要であり、私が大切にしてきた心得を五つ紹介したい。

　一つ目は、「**学校運営は子どもを中心とする**」ということである。学校で問題が発生すると、対応方法で教職員の意見が分かれたり、保護者と学校が対立したりすることがある。複雑な問題に直面した時こそ原点にもどり、生徒に最善と思われる選択をすることが大切である。

　二つ目は、「**夢を語り教職員のベクトルを合わせる**」ということである。「マネジメント」ということは、簡単に言うと「自分以外の人と目標を達成していくこと」である。したがって、管理職のリーダシップとは、夢や理想を繰り返し語り、いろいろな方向に向いている教職員のベクトルを合わせていくことである。

三つ目は、「**感謝と敬意（リスペクト）の気持ちを持つ**」ということである。学校の中には必ずキーパーソンとなる人物がいる。愛校心にあふれ、生徒のためにどんな努力をも惜しまない教職員の姿は、管理職の方も気持ちが引き締まり叱咤激励される。一方、諸事情があり、対立したり、無理ができなかったりする人もいるが、多様性を容認しながら、感謝の気持ちと相手をリスペクトする精神を忘れてはいけない。

　四つ目は、「**課題を先送りせず、迅速に対応する**」ということである。管理職として学校運営できる期間は限られている。難しい課題は次の管理職へと先送りされてしまう場合があるが、先送りする対応では、課題は雪だるま式に大きくなる。管理職は、１年目から課題を先送りすることなく、迅速に対応することが大切である。

　五つ目は、「**誇りを持って義務を遂行する（ノーブレス・オブリージュ）**」ということである。"ノーブレス・オブリージュ"とはフランス語で、直訳すると「高貴さは義務を強制する」という意味である。社会的な地位が高いものは、社会的な責任と義務がある。誇りを持って管理職としての義務を遂行し責任を果たす覚悟が必要である。

　最後に、次の言葉を贈りたい。
　「校長が変われば先生が変わる。先生が変われば生徒が変わる。生徒が変われば親が変わる。親が変われば地域が変わる」

第1章　理念・哲学を語り、率先垂範で生きよ——私の教育哲学論

私の出会った大切な「言葉」たち

前岐阜県立岐山高等学校校長　現中部学院大学学生支援部長兼学生課長、特任教授　**加藤知之**

　校長として勤務した学校で出会った校訓等の「言葉」と重ねながら、考えたことや大切にしてきたことを述べさせていただきます。

1　「師弟同行」

　校長として初めて赴任した高校において、校訓同様に大切にされていたこの言葉が、教職に就いて出会った先輩教師を思いださせてくれました。

　初任校は、校内暴力が騒がれた時代の中学校でした。生徒が帰った後に、この先生と共に理科準備室で教材研究、実験準備等をしながら、色々な話をさせていただくことは貴重な時間でした。ある日、掃除の指導がうまくいかないと嘆くと、先生は「私は、いつもバケツの横にいて、生徒が拭き掃除した雑巾を受け取り水洗いし、汚れを落とした雑巾を渡しながら、生徒に一言声をかけているのだよ」と教えてくださいました。うまく指導ができなく、結局自分で掃除をしながら「師弟同行」を実践しているつもりであった私にとって、指導姿勢を基本から考えさせられる助言でした。

　校長となり、教職員には「師弟同行」の言葉とともに私の体験を紹介して、生徒はもちろん周りの人たちから学ぼうとする謙虚な姿勢を持ち続けながら、自らも行動しつつ、生徒の実態にあった適切な指導に心がけることの大切さを話してきたつもりです。

2　「継続は力なり　継続は行なり」

　不登校を経験し、不安定な心を抱えながらも就職試験に挑戦した通信制生徒の保護者の話が心に残っています。「就職試験は不合格でしたが、子どもは、「今度こそ合格したい」とアルバイトを始めました。受験できたことだけで私としてはうれしかったのですが、落胆しないで次を目指し、

苦手だった他人とのコミュニケーションが必要なアルバイトに挑戦していることに驚いています」。

通信制のみならず、さまざまな困難を抱え、自分自身に自信が持てないまま高校に入学してくる生徒が多くなってきたと思います。しかし、入学後、一人一人の生徒に寄り添った指導をすすめることで、教職員や友人に受け入れられた安堵感から自信を持ちはじめ、新たな自分に挑戦しようとする生徒も多く見てきました。自分を見つめ直し、現在の自分を受け入れ、新たな自分へ挑戦しようと決意し行動しはじめた時、人間は大きく変わります。生徒を受け入れ認め励ます教職員の指導がますます大切になってきたことを、保護者の話から再認識できました。

「継続は力なり　継続は行なり」は、この通信制高校の校訓です。志を抱き目標に向かって困難を乗り越え着実に努力できる生徒を育てるために、教職員が生徒を認め励ます姿勢を持つこととともに、自信が持てる契機となる取組を多く設定することも進めてきました。

3　「自主　自律　自学」

卒業生のほとんどが大学へ進学する普通科高校で、海外の大学へ進学する生徒と出会いました。語学留学等を理由に海外の学校へ進むのではなく、国内の大学と同様に進路先の一つとして海外の大学を検討し選択したのです。受験情報としては知っていたのですが、岐阜県の地方都市で実際に海外の大学を選択した生徒と出会い、生徒や保護者の意識変化、社会の多様化、グローバル化を再認識しました。

「自主　自律　自学」は、この高校の校訓です。この言葉については、卒業生の方から、「社会に出てからの方が、校訓について考える機会がよくありました。今では座右の銘として大切にしています」という旨の話をされることが少なからずありました。卒業式には、海外に進学する生徒や卒業生の話を意識しながら、校訓のそれぞれの言葉が示す姿勢の重要性を今一度強調して話ができました。

急激に変化する世界において、生徒たちにどのような力をつけさせたい

のか、そのために何をどのように学ばせるのかの議論は、高大接続改革、学習指導要領改訂等に対応するということではなく、目の前の生徒の将来を考えながら、教職員一人一人が具体的な取組を意識しながら進めなければならない課題です。教職員の意識を高めるために、私は、「自主　自律　自学」の言葉を使って議論を進めてきました。

4　「在平素」

　校長のマネージメント能力、リーダーシップが問われるなかで、赴任した学校では、地域・保護者・生徒からの期待を踏まえ、教職員との対話の中から課題や共通認識を浮かび上がらせ、学校経営の方向性を自問自答しつつ、教育課程の見直しや学校の特色づくりを進めてきました。

　この日々を振り返り、校長として大切にしなくてはいけない姿勢として思い浮かぶ言葉は「在平素」です。「ごく当たり前の行いの継続が大事である」との一般的な意味からすると、急激な変化の時代における姿勢としては、保守的で先見性がないと思われるかもしれません。しかし、各学校で取り組んだ新たな活動のヒントは、すべてその学校が現在取り組んでいる教育活動の中、まさに「へいそ」にあったことから、この言葉を挙げました。新しい取組を進めるためには、県内外の先進的な取組等を参考にしながらも、現状の分析から課題を浮かび上がらせ、方向性を定めていく過程を着実にすすめることが一番大切であると思います。その過程の中から学校改革のヒントは必ず生まれてきます。

　校長室にかけてある板額で「玉堂」の名とともに記してある「在平素」の言葉を知りました。調べて、日本画の大家、川合玉堂氏が座右の銘としていた禅語と知ったのですが、今では、私にとっても座右の銘となりました。

　以上、とりとめのない内容となりましたが、校長として、それぞれの学校の課題を踏まえた取組を進めるなかで、悩みながら多くのことを考えました。各学校で、支えていただいた多くの方々に感謝申し上げます。

謙虚に"知"と"仁"を楽しむ

前徳島市立高等学校校長　現徳島文理大学徳島キャンパス学生部副部長　天羽博昭

1　「志」高く、未来へつながる「知」と「仁」の旗を揚げる

　校長の仕事は、「人を育てる」ための目標づくりにある。もちろん、自分自身の夢・ロマンの追求でもある。「すべては生徒の成長のために」あることを常に念頭に置き、学校の実態や地域のニーズを分析し、学校に求められているものを整理し、解決すべき課題を見極めることに努めている。

　校長となって大切にしている言葉がある。『論語』の第6編「雍也（ようや）」の「知者は水を楽しみ、仁者は山を楽しむ。知者は動き、仁者は静かなり、知者は楽しみ、仁者は寿（いのちなが）し」である。私は、"楽しむ"という響きに引き寄せられ、「知者」（新しい価値の創造）と「仁者」（既存社会への適応）を教育の原点と考え、具現化していくこととした。孔子の言葉は、水と山、静と動を対比しながら述べているところがわかりやすく、生徒の「夢を叶える」ために「したいこと」、「できること」、「するべきこと」というニーズに応えるだけでなく、生徒の眠っている知的好奇心を呼び起こし、「学びへのこだわり」を持った生徒を育てるヒントにもなった。

　「知」とは、時の流れの中で、変化に流されず不易を守り、変化に対応できる柔軟な思考力と、先見性のある洞察力や情報収集力、そしてそれを活用していく判断力といえるのではないだろうか。混沌として予測できない社会、そして、グローバル化やAIの進展などにより世界全体が急速に変化する中、生徒たちの育成のために何ができるのか。学校は、保護者や地域と連携し、「生涯学習社会の構築」を旗印に、地域の「知の拠点」として深化するとともに、地域の課題解決に向かって新しい価値を創り出していくものだと考えた。また実行するに当たっての校長のリーダーシップとしては、改善への創意工夫、役割間の調整ルールづくり、リスク対応力など、起こりえる大小さまざまな予測や、人の動きを読む能力、ピンチを

チャンスに変える展開を構想する力などに力点を置いて、何が起きようとも生徒たちと「流れ」を楽しむこととした。

2 「惑わず」人格の完成を目指して仕掛ける

　「人格の完成」「個人の尊厳」などの普遍的な理念を継承しつつ、次世代のリーダーとして活躍するであろう生徒たちには、"山を楽しむ"ことができるように、随所に「しかけ」を置くことにした。

　最終勤務校では、「普通科」以外に、難関大学や医学部希望の生徒が多く在籍する「理数科」があり、保護者や地域の期待を一身に集めている。文転対応も手厚く、また、「探究活動」にも熱心に取り組んでいる。

　私は全校生徒に訓話をする際、行事や部活動への積極的参加を呼びかけるよう心がけた。より相乗効果のある文武両道の徹底を図り、個々の生徒のチャレンジ精神と粘り強くやり抜く力の育成に取り組んだからだ。理数科が大多数の普通科生徒と共有するビジョンを構築し、「科」としての差別化よりも組織構成員全員の共同体意識を生み出し、「チーム市高」を合言葉に学校全体としての目的達成のために、組織の健康性と効率性を高め、活力ある職場へと導こうとした。

　教職員には部活や大学進路指導等への偏ったエネルギーの注入やおごりを戒めることを忘れず、すべての生徒が「夢に向かって努力している行動に対して同等の価値を持たせ賞賛する風土」をつくりあげることにより、自主・自立を尊ぶ「建学の精神」を目指した。

　さらには、教育改革の背景や趣旨から、生涯学習者の育成の観点に立ち、生徒の10年後、20年後を見据え、他者や環境等とのかかわり合いによって、生徒一人一人が成長の喜びを実感し自己実現を図ることができるよう、これまでの学校カリキュラムの基本原理をG（ゴール＝目的、多面的な評価）、T（タイム＝時間、生活全体が学習時間）、S（スペース＝場所、協力体制や高大連携等）、P（パーソン＝人、地域人材の活用）の四つのフリーという視点での改革を試みた。

　また、組織改革を行い、校務分掌の中に、「みらい共創室」を設置し、

外部折衝力と企画力のある「コーディネーター」を配置した。総合的な学習（「市高レインボウプラン」）を再編し、地元徳島を学ぶ体験型授業を推進し、自分たちの体験を振り返り、その時に感じたことや考えたことを言語化する中で、「自分の問題」として「社会の課題を主体的に学ぶ」ことや地域人材の活用（「ふるさとネットワーク」）、京都大学との連携協定、地元大学留学生との「多言語ラボ」等を実施した。さらに、保護者や市高を育てる会の支援により、学校祭に使う大きなステージも中庭に作った。「学びを可視化」することで創造的な活力の得られる空間として広がりを持たせ、また、学校と地域をつなぐシンボルとしての「ラーニングコモンズ構想」をスタートさせた。本校が実施している「サギノー語学研修文化交流事業」（米国ミシガン州）参加者を中心に、阿波踊り期間中には、外国人観光客へのおもてなしとして、「市高生通訳ボランティアガイド」を実施し、また、ダンス部は徳島ヴォルティス（J2）ホームゲームのハーフタイムショーに出場するなど地域貢献の芽も育ってきた。2学期の賞状伝達式では全国大会出場などの部活動、個人での賞状数が延べ数で200枚を超えた。

3 「惧れず」戦略的に盛り上がるチームづくり

　組織は「生き物」と言われるが、校長によって変わるものだと痛感する。長年、野球部の監督として指導し、下級生の台頭や上級生のチームへの貢献により、チームワークが高まり、思わぬ力を発揮する場面を幾度となく経験してきた。当然、校長としての学校経営にも活かされている。校長が夢を語り、戦略を立て、組織の活性化（職場のモラールアップとその運営方法や仕組みづくり）と人の活性化（能力発揮のしかけ）の両方をつなぐことが重要だ。リーダーシップのスタイルや方法はいろいろある。また、学校によってもその方法や速度を決定しなければならない。置かれた状況によりリーダーシップのスタイルを変えることが求められる。既存の戦略に固執せず、役割分担をどう配置するかの工夫は校長の妙味でもある。
　また、人を入れ替えれば学校経営がうまくいくというものでもない。教

員の潜在能力を把握し、個々の教職員の働きやすい環境や配置を考える。私は、必ず教職員からの希望（第3希望まで）を聴取し、各校務分掌の課長や主任には事前に起用の意図を伝えた。

　かつてアメリカから日本に伝わった野球の「ドジャース戦法」は、今でも世界の中心的な戦法となっており、オーダーを組むとき、それぞれの役割を担っている。そのチームの最強打者はクリーンアップと呼ばれ、チームの得点源となっている。そのような打者を活かすのは、前に出塁しているランナーである。そして、ランナー自身もどうやって次の塁へ進むのかが鍵となる。私はまず組織の活性化をねらい、切り込み隊長役のリードオフマンとつなぎの役割となる2番バッターを決めるようにしている。守備も重要だが、攻撃の戦略を立てるのが性に合っている。守備は自然と決まるが、攻撃は好きなだけの時間をかけて熟慮することが楽しい。チャンスをどう広げていくかということが、学校経営の強みづくりであり、改革の時代の戦略ではないかと考えている。攻めの姿勢がないと地域の信頼は勝ち取れない。

　この度、このように筆を執ることで、校長としての日々を振り返る機会が得られたことに感謝している。
　教職員を活かすことと育てることは表裏一体である。反省させられることが多く、良き指導者として後輩に伝えるというよりは、良き指導者への道は、遙かに遠い道程であるとの思いが強くなっている。何かの参考にしていただければ幸いである。

人は皆、名伯楽たらんと心すべし

元福岡県立武蔵台高等学校校長　前九州学園福岡女子短期大学学長　仁田原秀明

1　校長としての哲学、人生訓『人は皆、名伯楽たらんと心すべし』

　教師になって44年間のうち、高校の教頭、校長を14年間、短期大学の学長を6年間、合計20年間管理職として務めてきた。当時、教職員組合の激しい闘争の頃でも、上記の信念を心の拠り所として勤めてきた。

　伯楽というのは、古代中国では騎馬軍団による戦闘の際に、一頭の駿馬（名馬）の存在は軍隊の一個師団に該当すると言われ、馬が駄馬であるか、駿馬であるかを一瞬で見分けることができた人のことで、非常に重要視された存在だという。そこから、人間社会においても、人々の個性や素質、感性の優れた点を瞬時に見抜く眼力を持った人を、古代中国の故事に倣って「伯楽」と言うようになっている。

　人はどのような時代であれ、人の世で生きていかねばならない。人は誰でもそれぞれ異なる個性，資質、感性、能力がある。しかし、それを自分自身でも気づかない場合が多い。教師という職業は「人を育む」ことの難しさや畏れ多さを痛感する日々であるが、児童、生徒、学生に秘められた個性や資質を見抜き、指摘し、支援してやることによって、子供たちが後々に興味関心をもち、実践し、ひいては自信や誇りとなり、堂々と自分なりの道を切り拓くきっかけにもなりうるのである。

　例えば、長崎県が生んだ近代詩人の伊東静雄は、旧制中学の教師をしながら詩人となる夢をもち、毎日のように詩作にふけり、粗いガリ版刷りの詩集を作成し、誰かに認められたくてそれを大阪駅や東京の各駅で多くの人に詩集を配布していたという。しかし、当時の詩壇はもちろん、誰一人彼の作品を認めなかったのに、粗いガリ版刷りの詩集を受けとった通りがかりの一人の国文学者が彼の詩集に込められた硬質の資質を見抜いて一通

の激励の手紙を送られたという。一面識もない一流の国文学者である。この有名な国文学者からの一通の手紙が伊東に自信を与え、さらに情熱をかきたてて『わがひとに与ふる哀歌』『夏花』等の素晴らしい詩集を出し、近代詩の代表詩人となった。伊東は自分でも気づかなかった資質を見抜いてくれたこの国文学者への感謝と敬意の気持ちを生涯忘れることはなかったという。

　最近では、大リーガーのイチロー選手が日米通じて3000本安打を3塁打で飾った時の例を思い出す。スタンドはもちろん、敵味方の選手たちも総立ちとなり、拍手喝采で賞賛したが、イチロー選手は喜びのインタビューに涙しながらも開口一番、「私が今ここにいて、このような業績を残し得たのも、ひとえに今は亡き仰木監督のおかげです。体も小さいし、非力なのに、私の強肩、俊足、手首の柔らかさを指摘され、私に振り子打法を勧められ、どんなに調子の悪い日でも常に使い続けて下さった恩師に心から感謝と敬意を捧げたい」と答えていた。

　これらは、人の資質を見抜き、指摘しながら背中を押してやったことにより、人が人として自信をもち、堂々と自分の道を切り開いていくという名伯楽の良い事例であると思う。

　人は皆、どのような職種であれ、どのような境遇であれ、名伯楽になる機会はある。ただ、人の資質や才能、感性などを見抜く眼力を磨いているか否かによって、名伯楽になれるかどうかがちがってくる。特に教師の場合、他の職種と異なり、多くの生徒や学生と接していく。そして、目の前にいる生徒一人一人が宝石の原石である。しかし、この原石に秘められた良さを指摘できるのは、常日頃から生徒たちと接し、彼らと向き合い、彼らの言動に目を配っていてこそなしうるものである。校務分掌の業務や諸々の資料作成などに追われ、多忙を言い訳にして、生徒たちとあまり接していない教師には原石もただの石にしか見えないかもしれない。教師は生徒がいてこそ成り立つ職業なのである。

　ややもすると、教師の業績として、進学実績を上げたとか、校舎改築をなしえたとか、文部科学省や県教育委員会の研究指定を幾つとったとか、

校長会の役職を担当したとかで評価されがちな傾向がある。しかし、これらは所詮些細なことでしかない。「人を育んでこそ教師の宝物である」という信念と行動こそが、教師の真の業績をもたらすのではなかろうか。教育の成果は数十年後にしか生じないものである。教え子たちが世の荒波を乗り越え、苦労しながらも自分自身なりの道を切り開いた時こそ教師の喜びの花が咲くものだろう。

　私はこの信念でどのくらいの人財を輩出させ得たのかは全く自信はないが、新任教師として福岡県の新設高校創りに赴任した時、初代の校長は、「仁田原先生、今から定年まで十分に長い。決していい先生になろうなんて思わなくていいよ。ただし、目の前の生徒一人一人の良さをいかに引き出せるか、いわゆる名伯楽になるぞと覚悟を決めて精進すればいいよ」と諭された。初代校長は哲学者であった。私は、この初代校長の言葉を、44年間勤務しながら、常に反芻するようにして生きてきた。

2　「学長、校長の責任と使命感」――学校の飛躍発展は4月中で決まる

　今や短大、高校とも少子化のために学生や生徒の入学者確保で厳しい状況にある。特に地方の学校においては常時定員割れという実態がある。

　数年のうちに、小学校から高校まで定員割れによる統廃合がさらに進むと思われる。しかも、学校を取り巻く状況は、情報過多や保護者の意識変化、問題行動の頻発などにより、管理職をはじめ教職員が振り回されているのが現実である。しかも、マスコミ報道などにより学校そのものや教育そのもが軽視され、教師という職業が3Kの一つとして見られている状況のようである。教育が重視され、教師が尊敬されうる状況にならない限り、日本の人材育成すらも危ういと危惧せざるをえない。

　短大も高校も3月下旬から4月上旬にかけては、人事異動、校内分掌の委嘱、入学者受け入れ準備、新年度のシラバスの点検、入学式の式辞の作成、前任管理職との事務引き継ぎなどと、1年の中でも最も忙しい時でもある。しかし、この超多忙の4月当初こそ、学校経営や学校運営の基本方

針が決定する。そこで、学長や校長たる管理職は今まで以上にますます学校運営の基本理念を確立しておくべきである。

　そこで、当たり前のことを当たり前のように管理職としての責任と使命感を高揚させ得るものとしての条件を列挙しよう。

① **学長、校長は本気で勤務校への愛校心、愛着心をいだいているか**

　リーダーたる学長、校長は着任する前に、赴任する学校の伝統や歴史、ひいては建学の精神や校訓に秘められた意味を十分に把握、理解しているか。また、赴任校を取り巻く地域社会の特色や同窓会、PTAの実態などを前任管理職から聞いて、赴任校への愛着ややる気を高揚させているか。この愛着心ややる気を抱かずして着任すれば、その言動は教授会、職員会議での挨拶にもインパクトは生じてこない。管理職たる者の心構えの第一条件は誰よりも強く愛校心を抱いて勤務しているかである。

② **学長、校長は建学の精神や校訓が教育活動にどのように活かされているかなど、具体的に把握しているか**

　4月当初に教務部長、学科主任、教科主任を呼んで、各個人のシラバスに建学の精神や校訓がどのように活かされているか詳細に聞いておく。

　特に高校の場合は、教科書採択の在り方を尋ねておく。学校によっては学年が進むごとに別の出版社の教科書が採択されていることが多い。教科書の編集は3年間を通して内容が一貫されているので、年度ごとに出版社を変えていくのは教えていく内容に偏りが出て来ることが多い。教科書採択の場合、出版社の編集の説明書をよく吟味して採択したかどうかを確認しておく。特に、短大など認証評価（第三者評価）で建学の精神の活かされ方や3つのポリシー（ディプロマ・ポリシー、カリキュラム・ポリシー、アドミッション・ポリシー）との兼ね合いが詳細にわたって調査されるので、高校も同じように3つのポリシーと校訓との兼ね合いを明確にしておく必要がある。短大などでは理事長が学校経営を中心に把握しているが、学長は学校運営特に教学などについては責任を持つことが多い。

高校でも、校長は4月中に全教職員への新年度への取り組みや教員の授業への取り組み、授業自己評価などについて詳細にわたってヒアリングをしておくことが大切である。ややもすると、新任校ゆえに遠慮したり、教育委員会への資料提出や地域社会、同窓会役員への挨拶まわりで4月を過ごす校長もいるが、4月がいかに重要な時期であるかを認識しておくべきである。「教員は授業がいのちであり、授業が勝負」という言葉を肝に銘じさせておくことが大切である。

③ 学長、校長こそ地域社会との連携活動に率先垂範を示すべき
　地域社会の方々には、それぞれの専門分野で短大、高校の教員よりも優れた人が多い。教育は何も学校内だけでなしうるものではない。地域社会の専門家たちとの交流や連携、委嘱業務などには何よりも学長、校長が率先垂範していく覚悟が重要である。学生、生徒のみならず、教員自身も学びの機会ともなるし、地域社会への愛着や誇りすら抱く機会ともなり得る。
　教員の「働き方改革」が論じられているが、歴史、文化、文学、工業、農業、スポーツなど多方面での連携を通して、教科書、テキストなどで学べないものを学ばせることができる。今後、日本の教育は、従来は学校のみでやってきた授業内容も、地域社会の力を導入した実践力を身に着けさせる内容のものが増えて来ることが予想される。私も短大で「現代短歌の創り方」の講座を担当し、一般社会人の希望者を募り、授業選択した学生との合同授業を90分、15回講座を実践し、予想以上の成果が見られた。一般人の真剣さや熱意に学生も感動し、講座も最後の方になると学生の作品が一般人をしのぐほどになった。学長、校長たる管理職も、何が教育で本当に重要かを考え直し、まず何よりも地域社会に飛び込んで率先垂範する覚悟と手本を示すべきである。

「一隅を照らす」

宮崎県立宮崎西高等学校校長　**黒木淳一郎**

　教育行政を9年、教頭・副校長を3校、校長を3校経験してきた。その間、指導行政から管理行政まで経験することができ、管理職としては多様な進路の普通科、夜間定時制、統廃合後の新設校、そして旧制中学校からの伝統校と、得難い貴重な学びの場に恵まれた。今、校長席の真向かいに「遇一于照」の額がある。日々胸に刻んでいる。

1　大切にしてきたこと

(1) 夢・友・命

　学校で最も大事にしなければならない価値だと思っている。生徒も教職員も学校に来る力でもある。したがって、夢を育み、友情を結び、命を輝かせることこそ学校の使命だと思っている。

(2) 生徒の学校

　特徴のない普通科の特長として、生徒一人一人を大切に、面倒見のいい学校をめざしてきた。判断の中心に生徒を置くことでそれは可能となると考え実践してきた。

(3) 継承と創造

　分析と構想を繰り返し、確固たる〇〇観と柔軟な〇〇力を対応の基軸に据え、受け継ぐべきものを正しく受け継ぎ、新たな段階に進むべきものを迷いなく進めることを旨とした。

(4) 発信

　広報と同時に広聴を掲げ、地域に耳を傾け、発信することで地域の信頼を得ることをめざした。地域ごとにある青少年育成協議会に足を運んだ。民生委員、児童委員、保護司の声は貴重だった。

(5) 風通しのよい学校

　職員室にはまじめな雑談が必要だと思っている。そのため職員室の環境を美化、整備するリーダーシップこそ人を動かすと実践している。一人の百歩より百人の一歩が大切だとしている。

2　実践してきたこと
(1) 挑戦

　課題のない学校はない。特に新しく管理職として着任した直後は、新しい学校について気づくことも多い。ただ、すでにその年度の教育計画はほぼ出来上がっており、前校長の教育方針もある。しかし、違和感は大事にしたい。課題解決には前進あるのみと挑戦してきた。方針とゴールを明示し、責任の所在は校長とした。大切にしたのは実際の取組の工夫や改善で、このことにはボトムアップの方法で取り組んだ。挑戦していく中で次第に合意は形成されていくことも学んだ。

(2) ミッションの見直し

　それぞれに、なぜ、なんのためにこの地にこの学校があるのかを問い続けてきた。自治体に赴き、市長や教育長がどう見ているのかを、中学校に行き、生徒や保護者、地域が何を期待しているのかを、校内では、校史を紐解き、同窓会に学び、保護者会に耳を傾け、クレームこそ大事にしてきた。結果、「不易と流行」をあらためて学んだ。学校の使命といえども不断の見直しは欠かせない。

(3) 常在危機の心得

　危機管理に感性は大事だとつくづく教えられてきた。これは、と直感したら拙速であろうとも早期対応で、しかも誠実にであった。遅きに失すると解決は遠かった。未然防止のために校内を歩いて、教員以外の職員とも話をして、現場主義に徹してきた。あらゆる時と所に危機は潜んでいると肝に銘じている。

(4) 後進の育成

　今こそ「あこがれの教師」を育てなければならない。教育実習生が年々

減ってきている。働き方改革もある。一大事だと感じている。管理職の役割に後進の育成がある。絶えず判断を迫られ、迷いもする。そんなときは「あこがれの上司」を思って仕事をしてきた。そういったあこがれの上司を育てなければならない。期待し、場を任せ、人の縁を用意しなければならない。特に若者を見込んで任せた仕事は、どんな支援をしてでも必ず成し遂げさせなければならない。

(5) 学校を去らせない

入学の生徒・保護者の望みは成長と卒業である。時に学業不振や交友関係、進路変更等に起因する転学と退学はある。しかし、その芽はもっと早い時期にある。早期発見と早期対応、共通理解と組織的対応、専門家や関係機関との連携を助言してきた。特に学級担任一人に背負わせないことを大切にしてきた。

3 これからの時代に

教員の立ち位置が変わろうとしている。指導者からコーディネーター、あるいはよき支援者に。この点で、教員の視野拡大と職能成長はこれまで以上に欠かせない。校長の責務である。

また、少子化の進行や、県都へ首都へという人の流れはますます進行している。市町村と県立学校の関係はますます重要になる。グローバル人材育成の一方で市町村との共存、協働は欠かせない。グローバル時代のローカリズムである。

「今」と「自分」しか見えない子どもたちが多い。LHRと学校行事では自主性を育て、人間関係づくりの場を設け、人や社会とつながる機会にとボランティアを推進してきた。今の自分から背伸びをさせ、未来と社会を見せなければならない。学校が準備しなければならない。

日々新たなるビジョンを求めて

鹿児島県立錦江湾高等学校校長　山﨑　巧

1　学校でイノベーションを共有するということ

　『リーダーシップ・チャレンジ』という本に「メンバーが聞きたがるのはリーダーのビジョンではなく、どのようにして自分たちの夢や希望がかなえられるかだ。彼らはリーダーが描く未来予想図の中に『自分の姿』を見たがっている。リーダーの任務は個人的世界観を売り込むことではなく、共有のビジョンをいきいきと伝えることだ」と書かれている。

　現任校に赴任して経営方針を話した後、進路主任が何度か校長室に入ってきて、「2年ごとの校長異動で方針や方策が変わり、職員も生徒も慌ただしい。一貫した方針がほしい」と訴えたことがある。似たような声は複数のベテラン教諭からも聞いた。

　私は一貫した方針を伝えたつもりであったが、何度か面談し気づいたのは、その真意は「生徒のために学校をよりよくしたいが、それはどうすればいいのか」という答えのない教師の葛藤であり、それを新しい校長にぶつけた形であった。教師たちが聞きたがったのは、学校要覧に載せる経営方針ではなく、いわば校長の経営ビジョンの中に「葛藤を解決する自分たちの姿」を見せてほしいという願いだったと考える。

　折しも、本校は2期10年のSSH指定後、採択を逃し2年目の経過措置期であった。推進教諭たちは異動し、生徒募集や進路指導等も含め、いろいろな意味で変革の岐路に立たされた時期にあった。

　「校長が変われば学校が変わる」と言われるが、この声を聞き、変革の岐路にある時こそ、変えてはならないもの（価値）を掘り起こす意味を強く感じた。それは学校史の中で、教師たちが築いてきたレガシーである。

　そのため、高大接続改革や新学習指導要領に関する情報を整理しながら、同時に着手したことは、本校の価値とは何なのか、またSSHとは何だっ

たのかを、明らかにすることだった。私は校長室の棚に眠る歴史を紐解くとともに、多くの職員の考えを聞き、多くの同窓生とも何回も話をした。

学校のビジョンに関する職員研修は6月から開始した。本校の価値と課題を整理しながら、進路指導、広報戦略、高校入試、SSH、業務改善、教育改革等、具体的な課題について協議をした。意思形成過程であると確認し、自由に意見を出してもらうようにした。また、個別に意見あればメールで教頭に送ってもらった。また、職員会の経緯は、学校関係者評価委員会や同窓会役員会等でも説明し、貴重な提言を得た。10月末には、生徒のキャリア形成のために全校体制のSSHを申請し、採択されることとなった。

アメリカの経営学者ピーター・ドラッガーは、「過去のリーダーの仕事は命じることだったが、未来のリーダーの仕事は聞くことが重要になる」と言う。校長として自ら戒めたのは、考えを先にまとめず、どういう意思が形成されるか、また気運がどう起こるかを待つ姿勢の堅持であった。職員からも、普通科なりの課題研究を進めてみたい、課外の体制を変えたい、内規を変えたい等の具体的提案が次々と出されるようになった。校長室で学校改革のプレゼンをする職員も出てきた。「機が熟す」という言葉がある。学校イノベーションの共有は機が熟さなければならない。機が熟せば適所に適材が現れることもわかった。

2　数々の失敗から学んだ学校マネジメントの特質

私は教頭職を4年間務め、校長職は6年目である。また現場責任者として新しい文学館の創設と運用、さらに全寮制中高一貫教育校の創設と運用の全てを担ったが、過去の経験を振り返ると失策ばかりを思い起こす。

荻生徂徠に『上役たる者の心得』という次のくだりがある。
○人はその長所のみ取らば即ち可なり。短所を知る要せず。
○小過を咎むる要なし。ただ事を大切になさば可なり。
○用うる上はその事を十分に委ぬるべし。
○上にある者、下の者と才智を争うべからず。

自ら省みて、仕事を委ねず小さな欠点を咎め、部下と才知を競う議論が必要だと思い、ビジョンとは上から与えるものだと勘違いした。また直言が大切だと思いこみ、上司にも反対意見を伝え立腹させたりした。その未熟さに申し訳ない思いでいっぱいだが、優れて寛容な方々だったことに感謝している。

　ところで、徂徠の箴言は学校でこそ必要だと思う。企業と学校の違いは、組織が指導者（専門職たる教師）によって成り立っているからだ。また、学校組織は職階が完全な縦軸ではなく、生徒の教育という仕事を協働して行う組織体である。そういう意味で、リーダー論や経営論の書物は、校長や教頭とともに教師にも間違いなく有益である。だからこそ、学校経営では、教師集団の自発的な意見や行動の受容が必要であり、ビジョンもイノベーションもその受容を基点に形成されることが肝要であると思う。

　また、徂徠が別に言う「人材は必ず一癖あるものなり。器材なるが故なり」は、教師集団を指導する際に必要な観点であろう。できる教師は知的個性や人間的持ち味が資質（器材）となる傾向があり、その強みを集団として発揮させないと学校の活性化は遂げられない。校長にはこうした器材を束ねる人間力や教育力が求められるが、校長の教育実践の場は式典式辞や朝礼講話である。私は、以下3点を戒めとして日々苦吟している。

　①教師が指導する教訓はせず、生きることについて話す。
　②話の素材は原則として自分で探してきたものとする。
　③教師と生徒に向けて学校の進むべき理念を伝える。

3　生き生きとした経営ビジョンを求めて

　今後の社会変化の中で、平成36年までの教育改革は大きなうねりを伴うだろう。本丸の授業改善にしろ、課題研究にしろ、小中高大の連携とともに、県内外の高校との情報交換や連携が壁を超える突破口になると考えている。最後に、「まことに日に新たにせば、日々に新たに、また日に新たなり」という言葉があるが、変化に応じて未来の生徒と教師の姿を映し出す経営ビジョンを生き生きと描けるよう、日に日に新たでありたい。

学校の組織力を高める校長の話術

元長崎県教育庁教育次長　現長崎大学大学教育イノベーションセンター教授　**中川幸久**

1　校長のリーダーシップ

　学校の組織力を高めるためには、校長のリーダーシップは必要不可欠である。校長のタイプにはバイタリティー溢れる行動力で職員をぐんぐん引っ張る人もいれば、穏やかで人を納得させながら学校運営する人もいる。タイプは様々であるが、共通して言えることは、皆、教育に対する自分なりの理念や哲学を持っており、夢や理想を語る人である。言わば、教育に対する情熱に溢れる人である。

　私が尊敬する今は亡き先輩校長は、「教師は過去ばかりを語る。未来を語らんといかんさ。2ヶ月も3ヶ月も前にあった模擬試験の結果を見て、進路指導をしている。子供には将来があるから、明るく生きるよう励ましてやらんといかんさ」と言われた。

　校長のリーダーシップは確かに「情熱」と言ってもよい。この字が示すように、人を優しく包む「なさけ」と、人を動かす「ねつ」を持ち合わせることである。そしてこの「ねつ」には、遠く未来への想いが込められなければならない。成功する組織の上に立つ人は、概してこの二つのバランスに長けており、まわりの人は知らず知らずのうちに本気にさせられていくものなのだ。

2　校長はかっこよく話す

　「校長はかっこよく話せ」と、この言葉も先の尊敬する先輩校長がよく口にした。校長は学校の顔だから、かっこよくしゃべらなければならないと言うのだ。人は誰でも、かっこよく話したいと思うのだが、実際はそう簡単にいかない。しかし、校長を何年か経験すると、不思議にその人なりの形が出来上がってくる。

より上達するためには、人のよいところを真似することである。使う言葉も、気に入ったフレーズもどんどん真似することだ。そうするうちに、だんだん自分のものになってくるものなのだ。遠慮する必要はない。きっと、先輩たちも同じような道を辿ってきたはずだから。
　さて、私は上手な語りには共通することが二つあると考えている。
　一つは、「自分が話したいことを話すのでなく、人が聞きたいことを話す」ということである。
　我々は仕事上、多くの人たちの話を耳にするが、中には退屈する時もある。そうした話は、概して独りよがりで聞き手のことが二の次になっていることが多い。話は、相手があって初めて成り立つものであり、人が何を聞きたいのか、まず初めに考えておくべきである。
　尊敬する先輩校長は、大学の入学試験を前にした生徒達に、「受験は相撲のように8勝したら勝ち越しではない。これまで模擬試験でずっと敗れてきた人でも、最後の本番に1勝すれば勝ちである。1勝14敗でもよい」と、言って勇気づけた。さすがである。このように聞き手を気持ちよくするためには、聞き手への優しい思いやりが必要なのだ。
　もう一つは「多く語るより深く語る」である。
　得てして我々は、多く語って浅くなりがちである。実際、多く語っても、聞き手の心に何も残っていないことが多いのだ。
　話す内容を深く考え、しっかり整理しなければ、人はなるほどと思わないのだ。聞き手の立場になって考え、わかりやすい例を挙げながら、語りに深みを持たせる。
　聞き手が聞きたいことを話す。深く語る。このことを念頭に置くことが、「かっこよく話す」ことにつながるのではなかろうか。校長は「話が勝負」である。どう語るか、日頃から自己研鑽を怠らないようにしたい。

3　クレームは感謝の言葉で結ぶ

　私の人生の師匠である禅宗のお坊さんと酒を酌み交わしながら、次のような話をして、盛り上がったことがある。

彼が言うには、例えば、校長のようなリーダーは簡単に人前で謝るな、と言うのだ。学校でいろんな問題が起きて校長が謝罪するとき、最初に「ご迷惑をかけて」や「ご心配をかけて」と話し始めたら、最後は「すみませんでした」と謝ることになる。

　ところが、最初に「お世話になりまして」「お心遣いいただきまして」と始めたら、最後は「ありがとうございました」と感謝の言葉で結ぶはずだと言うのだ。どちらが良いと思うか、同じ事を話すにしても、「すみません」より「ありがとうございました」の方が聞き手は悪い気がしないし、何より責任の追及をかわすことになると言うのだ。

　一理ある。そう考えたら、最初の言葉はとても重要で、「お世話になりまして」「お心遣いいただきまして」を意識して使った方がよいのではないだろうか。

　そういえば最近、多くの公衆トイレで「お客様のご協力でこのトイレは清潔に保たれています。いつもきれいに使っていただき、ありがとうございます」と、感謝の言葉で肯定的に表示している。命令口調より、感謝の言葉が効果あると考えたからだろう。

　現在、学校や教育委員会にも保護者や地域からのクレームが数多く寄せられている。少なからず、どの職場でもクレームはつきもので、管理職はその対応に追われているのが現状である。

　通常は、相手の言い分を十分に聞いてやり、高ぶった感情が落ち着くのを待つのがセオリーである。相手は自分の言い分を聞いてくれたという安心感で収まるケースもある。しかし時には、理不尽な要求で、電話を切りたくなることもある。この種の電話は、長時間になっても辛抱しなければならない。要は相手をどのように受容するのか、つまり、聞き手の心に余裕がないと問題はこじれてしまうことが多い。

　これからの時代、こうしたクレームに対しては、聞き手は、注意してくれて「ありがとうございます」と「感謝」の気持ちをもって接するくらいの心の余裕が求められている。特に校長には、冷静に対応し、相手を包み込む度量が必要である。

郷土の偉人の思いを学び、生徒に伝える

宮崎県立高鍋高等学校校長　児玉康裕

1　はじめに

　2022年に100周年を迎える本校であるが、急激に進む少子化の影響で、1965年（昭和40年）の１学年12クラスをピークに徐々に減少し、現在では１学年７クラスとなり、生徒数はピーク時の半数以下となっている。

　しかし、約４万人の同窓会組織は依然健在で、県内では他校から見本とされる強固な絆で本校生徒を支援してもらっている。そのうちの一つが「明倫奨学金」である。これは藩校明倫堂の精神でもある文武両道を目指し、人物・学力共に優れているが、経済的な理由で大学等への進学が困難な卒業生を支援する奨学金制度である。各年度一人を対象に月額２万円を４年間支給し返還を求めない。校長としてとてもありがたく思っている。

2　生徒に伝えていること

(1)【山形県立米沢興譲館高校との交流事業をとおして】

　高鍋藩第７代藩主秋月種茂公と米沢藩第９代藩主上杉鷹山公が兄弟であるという縁で、昭和56年、米沢市と高鍋町は姉妹都市となり、平成12年から山形県立米沢興譲館高校と本校とで生徒が相互訪問している。

　1760年代藩主となったこの２人は、領民に対して力を尽くし、教育に献身し、そして領民一人ひとりに世の中を良くする力があるという信念を貫いたリーダーであり、共に名君の誉れが高い。「為せば成る　為さねば成らぬ何事も　成らぬは人の　為さぬなりけり」という鷹山の愛句はアメリカ合衆国第35代大統領に就任したジョン・F・ケネディの心にも響き、ケネディは日本で最も尊敬する人物に上杉鷹山の名を挙げている。

　250年余の時を超え、種茂公と鷹山公から今に生きる私たちへの素敵な贈り物に感謝しながら、私がこの交流事業をとおして生徒に伝えているの

は、「仁愛の心」である。「仁」すなわち、強い者ほど柔和であり、愛のある者ほど勇敢であるという真実。相手の立場に立ち、相手を思いやり、尊敬し、慈しむ気持ち。それが「仁」であるということ。これは「己の欲せざるところを人に施すことなかれ」との「恕」の精神にもつながる。「仁遠からんや、われ仁を欲すれば、ここに仁いたる」。仁は遠いところにあるのではなく、自分が仁を行おうと思えば、すぐ手の届くところにあるということを生徒に伝えている。

(2) 石井十次の言葉をとおして

本校では生徒の目に最も触れる場所に「為せよ屈するなかれ　時重なればその事必ず為らん」という書幅を石井十次顕彰会の御支援を受け掲げている。高鍋町に生まれ日本で初めての孤児院を設立した石井十次（1865〜1914）は、いかなる困難に直面しても決して諦めず、強い信念で児童福祉への「挑戦」を続けた人物である。また、明倫堂の伝統である「知行一致」――学んだ知識を行動に活かす――という人生の心構えを身に付けた人物でもある。私は、始業式や終業式で、また各種巻頭言の中で、高校生活における「決意」と「挑戦」をテーマに話すときは必ず、石井十次の「為せよ……」の言葉を引用している。そして、向上したい・成長したいという思いをもって高校生活を送ること、またそういった魂の構え方を心に刻み込むよう生徒に伝えている。

3　教職員に伝えていること

(1) 求める姿勢

①謙虚さは必要。だが、一つの悲しい言葉で自分の姿勢を崩さない。ひるまず、へこたれずに自分がなすべきことを信じて行う。
②生徒の良いところを見つけ保護者に伝える。
③とことん面倒を見る覚悟を持つ。そのためには生徒を知ることである。そして教師に相談すれば何とかなるという安心感を持たせる。
④結果が出ていなくても頑張っていること、ハードルを越えようと試行錯誤していることも評価する。

⑤どうすれば今日より上手くいくのかと問い続ける。

(2) **学習指導**

①生徒の誤答に対しては「なるほどそういう考え方もある」と返し、生徒が間違いを恐れず自分の考えを伝えることができる教室にする。

②生徒が自分の言葉で表現できるところまで鍛え上げる。

③授業後の学力のイメージを明確にする。(学期初めに評価問題を作り、その問題で全員が9割取れる方策を教科会で確認する)

④難関大学の入試問題を年度初めに解き、どうしたらそのような問題を解ける生徒が育てられるか戦略を練り、学習指導に活かし続け、実際に生徒の力を伸ばす。

⑤生徒にとってその授業は1回きりである。最初で最後の授業。一生に一度の授業である。そのことを肝に銘じ、常に最高の授業を展開できるよう心掛ける。授業は先生のステージ。演技力も要求される。

⑥自分の専門分野について生徒にその面白さを伝えられるよう、幅広い知識と深い造詣を身に付ける努力をする。(ワクワクして憧れる気持ちがやる気に繋がる)

⑦1年次から高き目標を持たせる繰り返しの啓発を行う。

4　おわりに

高鍋町は「文教の町」と呼ばれ、「人づくり」を大切にする精神的風土がある。その風土の基礎を築いた先人たちの思いを今を生きる私たちが学び、これからの時代を創る生徒たちへ伝えることは、私たちの使命であり伝えなければならない責務があると感じている。

ビジョン、先駆け、協働

福岡県立城南高等学校校長　**和田美千代**

1　ビジョンを明示する

　全国の高等学校で新教育課程が学年進行でスタートした平成6年の10月、私は城南高校の同僚4人で宮崎県立宮崎西高校を訪れていた。
「生徒達の大学卒業後こそ人生の本番」
エネルギッシュに語られた宇田津一郎校長先生の言葉である。
「教師が目先のことに捉われている。もっと先を見よ」とも言われた。私がキャリア教育と出会った瞬間であった。
　この学校訪問から戻り、すぐに、生徒主体の進路学習「城南ドリカムプラン」を立ち上げた。といっても計画的に進んだわけではない。一つの企画を実行すると次にやるべきことが見えてくる。走りながら創る、「超」のつく自転車操業だった。
　最初は第1学年のみのプロジェクトだったが、倉員校長先生がその年度末に「国公立大学に合格する進学校として生き残る。ついては1年生がやっているドリカムプランを学校全体でやる」と宣言された。城南高校のビジョンが明確に示されたわけである。
　この「ビジョンの明示」によって、城南高校という船の進むべき方向が全職員で共有できた。すべての学年・分掌が、このビジョンを達成するべく動き出し、城南高校という船の乗組員達の漕ぐオールが揃い始めたのである。「**明確なビジョンを示すこと**」が校長のマネジメントの第一である。

2　時代に先駆けるために学び続ける

　長年、校務分掌は進路指導部で「常に先を読み、先を走るのが進路の仕事」と考えていたので、先のことを考えるのが習い性のようになっている。
　先を読むために、教師にとっての一番よい教科書が学習指導要領であっ

た。学習指導要領の変遷をたどれば、平成元年度改訂「新しい学力観」の登場によって教育観が変わり始め、平成10年度「生きる力」が登場し、ゆとりか詰め込みかの二項対立を超えて、平成20年度改訂では「思考力・判断力・表現力の育成」が「言語活動の充実」という具体策を伴って示され、現在の新学習指導要領の「主体的・対話的で深い学び（アクティブ・ラーニング）」へと、コンセプトは一貫しており、そこにはずっと「これからの時代に求められる力」が示され続けてきた。

「社会の激しい変化に主体的に対応する能力」とは「生きる力」を説明した文章の一部である。知識基盤社会を迎え、人工知能との共生が現実的になってきた今日、学習指導要領の改訂と高大接続改革がセットで進行するという教育改革の嵐の真っ只中で、私達教師は学習観や指導観の転換を迫られている。社会の激しい変化に主体的に対応しなければならないのは、私達教師自身である。

教育に携わる者は、時代に先駆けることが求められる。生徒は「未来からの留学生」であるからだ。未来という本国に帰ったときに役立つ力、発揮すべき力はどのようなものか？　これを常に考え、教育活動という形にしていかなければならない。**「時代に先駆けるために学び続ける職員集団をつくること」**が校長のマネジメントの第二である。

3　職員の協働

平成27年4月、福岡県教育センターに異動となり、教育指導部長として「福岡県立学校　新たな学びプロジェクトチーム」を率いることとなった。新学習指導要領の諮問に示され、話題となりはじめていた「アクティブ・ラーニング（以下AL）」を県内の高校へ普及啓発し、教師の指導力を向上させるためのプロジェクトである。

当初はALについて、実際のところよくわからないというのが本音であった。私はチームの長として「知ったかぶりはやめましょう。誰もわからない。わからないからこそ強烈に勉強しましょう。ゼロベースからのスタートです」と最初のチーム会議で言った。そのことが指導主事たちを安心

させたとは後から聞いた。もう一つ、「AL について研究するチームなのだから会議を AL 型でやりましょう。私達の主体的協働的問題解決です」と提案した。全員が AL に関して、セミナーに出かけ、書籍を読み漁り、それを週1回の会議で共有した。全員が何らかの有益な情報を持ち寄り、知恵を交換するプロセスによって AL は「互恵　共創　集合知」であることを、全員が体得していった。そしてまたその協働が非常に心強く、楽しいものであった。職員の「主体的・対話的で深い学び」ならぬ「主体的・対話的で深い働き」であり、「どのように学ぶか」は「どのように働くか」につながっていることを実感した。

中教審答申に「『カリキュラム・マネジメント』は全ての教職員が参加することによって、学校の特色を創り上げていく営みである」と述べられている。「**協働する集団づくり**」が校長のマネジメントの第三である。

4　出会いに感謝

城南高校でドリカムプランを推進していた当時、文部科学省から合田哲雄氏が福岡県教育庁高校教育課長として着任され、ご指導をいただいた。その頃に熱心に語られていたことが、その後に中教審答申や新学習指導要領等に結実したことに感慨を覚えずにはいられない。本当に佳い出会いをさせていただいた。

早良高校校長時代は、まさにビジョンを示し、学校のこれからを考え、職員と協働する日々であった。そして、この度、私を教師として育ててくれた城南高校の校長となった。私自身、ドリカムプラン→キャリア教育→AL と表に現れる表現は流行してきたが、不易は「主体性の育成」である。生徒も職員も主体的に自分の人生を生きてほしいと願っている。その実現のために校長として全力を尽くしたい。

第2章

組織力を高め、改革を推進する

困難を乗り越え、課題解決を図る戦略

学校改革に必要な三つの視点

前北海道札幌西高等学校校長　現国立大学法人室蘭工業大学大学院工学研究科特任教授　**小島晶夫**

1　はじめに

　学校は目指す生徒像や学校像の実現に向けて、歴史や伝統を大切にしつつも、常に最新かつ最善の教育を行っていく必要がある。そのために校長は、自校の教育を細やかに点検・分析して課題を明らかにするとともに、必要ならば課題解決のための改革を推進し、学校を変えていかなくてはならない。ここでは、学校を一歩前進させるための「学校改革」を行う際に、私が特に意識してきたことについて述べる。

2　学校改革の視点

(1)「**学校の強みをいかし、新たな課題解決方法と連動させる**」

　学校改革を推進して学校を変えると言っても、既存の教育を全て否定して投げ捨てるという手法は現実的ではない。むしろ、これまでやってきたことを活かす方が合理的で上手くいくことが多い。改革推進の手法として私が意識してきたことは、これまで自校で培ってきた優れた教育実践を「いかし」つつ、新たな課題解決方法と組み合わせて「連動」させることである。

　この時に大切なことは、学校の強みである優れた教育実践の成果がこれまで以上にあがるように、国が推進する新しい教育実践などと「組み合わせる」工夫をするということである。例えば、「主体的・対話的で深い学び」の推進や、ICT活用促進、評価の充実などとの組み合わせであり、自校の優れた教育実践と連動させることにより新たな効果を引き出すことができる。私がかつて勤務したA高校では、教務部主導で「授業改善」と「家庭学習の改善」を同時に行ってある程度の成果をあげていたが、やや頭打ちの状況を迎えていた。そこで、研究指定校として観点別学習評価を

中心とする「学習評価の改善」の取組を導入し、既存の取組と組み合わせたところ、説明する活動や議論する活動を取り入れた授業展開が多く見られるようになって授業改善が進み、さらには家庭学習の時間も増える傾向が現れた。「学習評価の改善」という新たな手法を加えることにより、既存の取組も進んで学校が変わったのである。

(2)**「学校全体で組織的に推進する」**

　学校改革の手法が決まったなら、改革の推進を確固たるものにするために、学校全体で組織的に取り組んでいくことが重要である。そのために私が意識してきたことは、改革スタートと同時に、以下の三つのシステムを構築することである。

　まず一つ目は、「**全教員で動かし、継続するシステム**」を構築するということである。熱心な先生が転勤した途端に改革が止まってしまったというのはよくある失敗例だが、個人や学年が主導した場合には十分に起こりうることである。大切なことは、分掌が主導して進め、全教員で取り組む形にするということである。このことで、人が変わっても継続するシステムが生まれる。

　二つ目は、前述の分掌主導の取組を「**改善が進み定着するシステム**」とすることだ。具体的には、PDCAサイクルを活用する。授業改善の場合は、研修テーマ等に基づく授業計画の作成（P_1）、授業実践（D_1）、生徒による授業評価及び授業を参観した教員による授業評価（C_1）、授業評価を受けての授業改善（A_1）、そして教員の自己評価に基づく新たな授業計画（P_2）と進めていく。A高校では、より緻密に改革を進めるために、このサイクルを1年に2巡させている（P_1：4月、P_2：10月、C_1：6月、C_2：12月）。自分の授業を見直す場面が年間に二度あるため、授業改善が一層進む。

　三つ目は「**改善の広がりや深まりを推進するシステム**」を配置するということである。最も効果的なのは校内研修である。新しい取組に関しては、教育改革の動向を含めて根拠を丁寧に説明し、十分な理解を得る必要がある。また、改革の近道はよき実践の共有であり、校内研修や研究授業を通

して良い手本を見せ、イメージや目標を与えて真似をさせることは大変重要である。PDCAサイクルを年間二巡させる際には、校内研修会と授業公開をそれぞれ6月と12月に2回実施するとよい。

(3) **改革は「地域・関係機関と連携・協働して充実させる」**

　改革が進み始めたなら、より質の高い教育の実現を目指して、各方面との連携・協働を推進することも大切である。まず考えるべきは、「地域の教育資源」の有効活用であるが、その際には地域との連携・協働を通して「よりよい社会」づくりに資するという視点を持って検討するとよい。私が勤務したB高校では、医療系人材育成プログラムとして北海道内の2医大と連携し、地域医療に関する探究型の講義や体験活動などを実施している。探究の成果は、地域に還元すべく、提言としてまとめて発信してきた。稚拙ではあるが、地域医療の課題に触れて自分なりに考え、行動を起こすことにより、将来の医療系人材としてのポテンシャルは大きく高まっていると感じている。

　この他、PTAや同窓会等との連携は、講演会や研究体験、国際交流等において直接的な支援が期待できる。また、学校関係者による学校評価は、地域や関係者の声として学校運営に有効に活用することができる。

3　おわりに

　以上、学校を一歩前進させる際に、私が校長として意識してきた「改革の手法」や「改革のシステム」、「地域・関係機関との連携・協働」について述べてきた。参考になれば幸いである。

　また、今回は紙面の都合で割愛したが、改革に先立つ自校の教育の点検・分析も極めて重要である。アンケート等の調査の他、入学者選抜に係る資料等も活用して、あらゆる情報を収集・精査していく必要がある。これらにも十分留意の上で、自校の教育改革を進めていただきたい。

第2章 組織力を高め、改革を推進する──困難を乗り越え、課題解決を図る戦略

盤石な組織をつくる研修体制の充実

前北海道旭川南高等学校校長　現学校法人国際学園星槎国際高等学校校長　**前田　豊**

　建学の精神「社会に必要とされることを創造し、常に新たな道を切り開き、それを実現する」、星槎の約束「人を認める」「人を排除しない」「仲間を作る」。この精神、三つの約束の具現化を目指す取り組み、及び星槎グループ経営構想【社会を変え、そして生ききる組織へ】の実現に向けて以下のような取り組みを行ってきた。

1　機能的な組織体制づくり　―活きた情報の収集―

　本校は、半世紀にわたって様々な子どもたちと関わってきた星槎グループ・学校法人国際学園の想いが結実し、1999年（平成11年）広域通信制高校として開校した。北海道芦別市の本部校と全国の学習センターで不登校、自立支援、特別支援まで様々なニーズに対応するカリキュラムを用意し、テーマ「関わり合い学校」を掲げ、共生社会の実現を目指している。学校そのものである「文部科学省認可の正式な学習センター（面接指導会場、添削指導、試験が実施可能）」として、通信制高等学校の生徒が学ぶ環境を彼らの身近な生活圏に実現させるため、2017年現在、全国22か所にスクーリング会場を設置、全国で約5,000名の生徒が元気に活動している。なお、学習センターにはセンター長（管理職）・副センター長が置かれている。

　学習センターが全国に点在しているため、現在、全国を4ブロックに分けている。第1ブロック（北海道・東北）、第2ブロック（関東）、第3ブロック（中部・北陸）、第4ブロック（大阪以西）に分け、各ブロック長を教頭（平成29年度から4教頭制）が務めている。次頁のような会議を定期的に開催して、副校長・校長との報告・連絡・相談・情報の共有に努めている。

	名　称	参　加　者	実施方法
1	センター長会議 （2泊3日）	本部（会長・理事長・副本部長）校長、副校長、教頭、事務長、分掌（教務・生徒指導・進路指導・広報・情報企画）部長、センター長、他	1回／年 参加者全員
2	ブロック会議 （1泊2日）	同上＋副センター長、他	2回／年、PCSを利用したテレビ会議、ブロック毎参加者集合、必要に応じて随時開催
3	企画経営会議	センター長会議と同様	3回／年、PCSを利用したテレビ会議
4	ブロック長会議	教頭、事務長、ブロック長、他（校長・副校長）	3回／年、参加者集合

＊PCS(Personal Communication Service)

2　グループ本部と連携した研修体制の充実

　本校は私学であり、経営基盤確立のための広報募集活動は、教育活動の充実とともに車の両輪になっている。社会が必要としている学びの場の創出（新商品の開発）と教職員の資質能力の向上を目指した「人財」の育成には研修が不可欠であり、日々の教育活動が研修であるという考えに立脚して研修内容の充実に努めている。

　本部が実施している研修は、新任者研修（年3回）、ジェネラリスト研修（年2回）、中堅教職員研修、キャリアアップ研修、高等教育機関研修、自己啓発研修等で主に星槎の理念を中心とした研修である。

　本校（事業所）での研修（校内研修）は、課題解決能力の向上を目指した実践力養成を主眼として実施している。平成29年度は13回の予定である。内容は管理職講話、学務部研修、5分掌に係わる研修、専門性を高める講座等である。各学習センターからの参加のため、PCSを利用したテレビ会議で実施している。また、教職員全員がMBOシートを作成し、日常的にはOJTの活用を推進している。

3　学校経営の取り組みで重視してきたこと

　公立高等学校長3校（北海道根室西・士別翔雲・旭川南）7年の勤務で定年を迎え、星槎グループに入社して、本部校センター長兼副校長、校長代行を経て現在に至っている。公立と私学の違い、全日制と広域通信制の違いなど戸惑うことも多いが、共通して実践しているのは協働体制を確立し、明るい職場風土の醸成である。

　そのために次の点に留意している。
(1)管理職の打合せを綿密に行い、一枚岩での対応を徹底する。
(2)部長主任層を積極的に学校経営に参画させて、意識改革に努める。
(3)教職員一人ひとりに公平に接し、面談を増やして信頼関係の構築に努める。
(4)適材適所の校務分掌に努め、持ち味が発揮できる舞台を設定する。

　年度初めの学校経営方針で告知しているのは、自戒の意味も込めて「職務は厳しく、人間関係は温かくをモットーに、お互い切磋琢磨してより善い学校づくりに努めましょう。そのためには報告・連絡・相談の徹底及び情報の共有化を」、「平凡な教師は言って聞かせる。よい教師は説明する。優秀な教師はやってみせる。しかし最高の教師は子どもの心に火をつける」、「やってみせ、言って聞かせて、させてみせ、褒めてやらねば人は動かじ。話し合い、耳を傾け承認し、任せてやらねば、人は育たず。やっている、姿を感謝で見守って、信頼せねば、人は実らず」である。

　生徒との関わりでは次のことを継続してやってきた。
①毎朝校門での挨拶・声掛け等を冬期間も実施した。
②校長室において3年次生全員と面談（30分程度）を実施した。

　なお、筆者の座右の銘は、次のとおりである。
①　我以外皆我師　　②　泰然自若

未来を創る生徒たちの「生きる力」を育むために

山梨県立甲府南高等学校校長 **星野真理**

1 はじめに

「教育とは、学校で習ったことを忘れてしまった後に自分の中に残るものをいう。そして、その力を社会が直面する諸問題の解決に役立たせるべく自ら考え行動できる人間をつくること、それが教育の目的である」とは、アルベルト・アインシュタインの言葉だ。そして、私の座右の銘であり教育信念である。

私の学校運営は、教員に授業の充実を求めることが中心であり、そのための教員の時間を作ることに力を注いでいる。とはいえ、学校には様々な課題があり、常にその課題解決に努めることが校長の仕事である。

2 学校を知る

校長は、教育政策から始まり社会から求められるものを把握して、自校の現状と課題を知った上で、教育活動の方向付けとしてのビジョンを示し、教職員や学校関係者と共有しなければならない。しかし、初めての勤務校赴任直後に、そのビジョンや構想を示すことは難しいと感ずるのも事実である。はじめに自校の歴史と使命を読み解くと、そこに大きなヒントが見つかる。社会の要請とそれに添った目標作りと実践が自校を創っている。自校の役目を認識することが肝要である。

OODAというマネジメント手法があるが、私が取る方法も、観察、そして方向付け、決断、実行である。まずは、学校を知ることだ。生徒指導、安全管理、学習環境、教科指導、進学状況などを調べ、生徒の実情、保護者の要望、地域の関心、教員の分掌適性とあらゆる角度から学校を観察する。課題の把握である。

様々なネットワークを持って外からの情報を集めることも有効だ。学校

への評価や激励、苦情には学校の実態が含まれており、真摯にとらえるべきである。生徒・保護者は学校をよく見ているということ、そして期待しているということを肝に銘ずべきだ。

3　教員の学びを導く

　今、時代の急激な変化の中、高大接続改革を伴って、学校や教員が経験したことのない大きな教育改革が始まっている。資質・能力を育てるという学習指導要領の改訂を間近に控え、高校は授業のあり方を問われる重大な転換期を迎えている。開かれた教育課程、探求活動という言葉もクローズアップされ、2020年から考える力や表現する力をみる「大学入学共通テスト」が、国語と数学の記述問題導入と英語の四技能を計る資格・検定試験の導入という形で実施される。

　さて、学校の中で最も中心となり最も充実すべきは授業である。授業で生徒の好奇心を刺激し、授業という教育活動の中で生徒を育てることが私の理想である。生徒の社会性の醸成も授業の中で行われるべきものであり、授業と別物ではないと考えている。授業の中で互いに手を差し延べて教え合い、自己の考えを持ち、他者の意見を聞いて互いを向上させることができるはずである。

　職員会議では常に教員に授業改善を求め、生徒が深く考える授業をデザインしてほしいと繰り返し伝えている。職員の授業をたくさん見て、良いところは褒める。授業の目標、目標に向かう発問の工夫を問い、授業をどう組み立て、何を考えさせるのか、どう活動させるかという教員の役割を考えてもらう。相互授業参観も多数求める。校長として、学び続ける教員を育てたい。生徒や保護者の信頼は授業から得ることができると信じている。授業は全てを物語る。

4　職員に伝える

　自校の課題を見つけ、次の一歩に踏み出す方法を考えるのが校長の役目である。そして、教員をどう動かすかだ。私は、運営委員会と職員会議で

課題とそれに対する考えを伝えるようにしている。校長が何を考えているかわからない学校ではいけない。目指すことを教員に伝えるには、改善や実行の目的と根拠を明確にして、繰り返すことが重要だ。方向性を示し、あとは主任や職員に知恵やアイディアを出して動いてもらう。

　しかし、大勢の生徒や教員がいることや教育の継続性などの観点から、大きな変更や改革を一時に行うことは難しい。一つ一つできることを積み上げていくことが肝要だ。私は、赴任して、校内の気づいたことと学校評価アンケートから改善すべきこと、今後の改革のために必要なことを伝え、変えることとした。小さなことを、できることから進めた。必要なものは足し、不要なものや危ないものがあれば取り除く。教員の不便を改善し、建設的で具体的な要望があれば、聞いて実現できるように支援する。２年目には、アイディアを持って校長室に教員が来るようになった。

5　解決策を探る

　学校は、教員の思いが強く働く職場である。情熱と経験と思いが行動や意見を左右することがある。しかし、説明責任を果たすという大切な観点を見落としてはならない。新しい教育内容の導入や新たな教育手法の研究が急務の今、多忙化改善や業務改善が求められ、教員にこそクリティカルシンキング（客観的思考）が必要だ。私は、会議でこの行事の「目標は何か」と問うことにしている。前例にとらわれることなく「目標達成の方法を考える」ようにと。意見を聞いて決断する。決断は、目的や理由を根拠を持って説明することが重要である。教員だけでなく、必要な時には生徒や保護者にも説明する。

　さて、本校には教頭が２人いるが、私は教頭達によく相談する。教頭達はよく補佐してくれ、また良い意見もくれる。管理職がチームとなることが肝心である。何より心強い。そして、運営にあたる主任達が同じ方向を向くことが必要だ。調整や伝達がうまくいき教員に広がり、目的や目標に向かって一つになれるかが課題解決の鍵である。

6　おわりに

　校長の役割は、生徒の困っていることに寄り添う体質づくりと教員の不便を改善することかもしれない。生徒達は多様な個性や価値観を持って入学してくる。一人一人に寄り添うことが求められ、その対応力を教員が身につける必要がある。

　学校には危機管理も重要だ。常に最悪を考えて、最良を目指し最善を尽くすことを心がけたい。教員評価は、目標の設定に時間をかけ指導することができれば、あとは達成に向かって努力してもらう。そして、多忙化を改善し教員が力を発揮できる環境づくり、新学習指導要領下での教育課程と教科指導の開発と校長の課題は続く。

　私は、教員には授業での生徒育成を、生徒達には外に目を向けることを、保護者には一歩離れて子どもを見守ることを伝えている。学校での主体は生徒達であり、未来を生き、未来を創る生徒達が準備をするためにあるのが学校である。校長として、広い視野で生徒達の未来を思い描き、準備の舞台を整える縁の下の力持ちでありたい。

ワンポイント校長の高校看護教育論

福島県・仁愛高等学校校長　**佐藤仁作**

　私は教育系大学を5年で卒業し、創立間もない看護科単科の私立高校に勤務した。6年後、校長が年度の途中で急に退任し、後任に当時の校長の資格要件であった高校教諭一級免許状を所有していた私に話があり現在に至っている。適任者が赴任するまでのワンポイントでということであった。

　学校数の少ない看護科の校長会は一足飛びに全国が会合の場となり、出席しているうちに平成3年度に全国看護高等学校長協会の理事長を引き受けることになった。次期理事長に内定していた公立の校長が異動することになり、急遽「1年間だけ理事長を頼む」と定年退職の日を4日後に控えた当時の理事長から有無を言わせぬ要請があった。これもワンポイントでということであった。それが、勤務校では今も校長職を卒業できずにいて、看護高等学校長協会は21年間理事長を務め関係諸兄の皆様にご迷惑をおかけしてきた。いずれも公立高校ではあり得ない話である。

　教員の経験は看護のみ。しかも通例の順序を踏まずに校長を拝命したイレギュラーな私に高邁な校長論、教育論は所詮無理な話。とはいえ、50年近く高校の看護教育に携わってきて、後進の方々に何か伝えておくことがあるだろうと筆を執った次第である。

1　高校看護教育の現況と特質

　高校看護教育は看護師教育を行う5年一貫教育（78校）、准看護師教育を行う衛生看護科（15校）とその継続教育機関として看護師教育を行う看護専攻科（6校）、看護系大学・短大、専門学校への進学教育を行う看護科（2校）、専門教育を准看護学校で修得する技能連携教育（5校）がある。

　各校とも生徒は目的意識を持ち、資格試験の合格率も高く、地域医療に

貢献している。設置校は私立高校の比率が高いことも特徴である。

また公的職業資格を取得する看護科は、他の専門学科より専門領域（医療・看護等）との接点が多い。学科の運営は「保健師助産師看護師学校養成所指定規則」に拠り、学科の将来を考えるには看護師・准看護師制度とその養成教育制度の歴史と現状、将来予測を知る必要がある。

さらに看護職員の養成教育は専門学校や大学・短大でも行われており、いずれの学校種も同じ指定規則を適用し、生徒は同じ看護師国家試験、准看護師試験を受験する。しかも、その合格率が各校の社会的評価となるため、看護系の専門学校、大学・短大との関わりも不可欠である。

2　高校看護教育をめぐる諸問題と対策

高校の看護科はこれまで何度か学科の存続を問われる局面に遭遇し、その度に看護校長会が「高校の看護教育には教育的意義があり、この教育は公的に有用である」と一致団結して幾度かの局面を乗り越えてきている。

昭和39年に高校で看護教育が始まってからしばらくの間は准看護師制度廃止運動への対応に奔走した。平成に入ると、医療・医術の進歩や高齢人口の急増に対応できる看護職員が求められて、平成14年度からカリキュラムの改正があり、看護高校のほとんどが新たに制度化された5年一貫教育に移行した経緯がある。これからもそうした局面があるものと予測される。

そのひとつは、生徒定員の確保である。生徒減少期の中、近年の看護系大学の急増と高学歴志向の高まりで看護師を志す中学生が高校普通科に進んで看護系大学・短大、専門学校を目指す傾向にある。これに対しては、各校が地域社会や中学校、保護者等に高校看護科の意義・メリットなどをしっかりと説明する必要がある。いまひとつは、教育内容の改善に伴う教育時間の増加とそれに連動する准看護師学校入学資格の現行中学卒業から高校卒業への気運の高まりである。これに対して、平素から有事に備えて高校看護教育の意義・有用性を理論構築して関係機関や関係団体等によく情報発信をしておくことが大切である。有事の際は、これまでのように校長先生方が各校の利害を超えて一枚岩となって対応することである。

3 教育現場の課題と対策

　学校現場では看護の実習病院と教員の確保が主な課題である。実習病院は、一つの病院で看護系の大学・短大、専門学校生の実習と競合すると、高校生の実習が断られることがある。校長を始めとする学校関係者と病院とが常に良好な関係性を築いておくことが肝要である。

　看護教員は教育系大学での養成や国の教員資格認定試験が行われていない現在、特別免許状や通信教育で教員免許状を取得する方法がある。いずれも看護師免許が基礎資格となるので、同窓会、ナースバンク、病院などとのネットワーク、潜在ナース情報の収集などの方法を駆使して適切な人材の発掘・確保に取り組むことが望まれる。

4 「看護は人なり、心なり」

　これまでの教員生活を通して看護者または看護を学ぶ者の心得なるものを独自に集成し、生徒、保護者、教職員に語ってきたことがある。

　そのひとつは、「看護は人なり、心なり」と。病者を癒してくれるのは看護者の確かな専門性と良好な人柄であり、病者との信頼・尊敬・感謝の心である。看護の3Kは「気づき、気配り、気遣い」であると。いまひとつは、「自分づくり、意識づくり、心づくり、資質づくり」として、看護者を志す者はまず自ら心身共に健全な自分を、社会人・職業人としての自覚を、看護の心を、看護の知識・技術を身に付ける努力を惜しんではならない。そしてそのための日々の行動目標として「礼儀・規律・責任ある行動。意欲を持って自ら学び能力を高める。奉仕と博愛の精神、医療人としての自覚を高める」が大切であると。

　即ち、看護者は人格者でなければならない。そうした人格形成はより年齢の若い時期からの教育にこそ効果が大きく、高校からの看護教育の意義・有用性がここにある。

　高校看護教育の一層の振興・充実を望んでやまないものである。

第2章 組織力を高め、改革を推進する——困難を乗り越え、課題解決を図る戦略

学校経営ビジョンを実現するために必要なこと

元大分県立大分豊府中学校・高等学校校長　現学校法人後藤学園本部総務室長　**丹生長年**

　私は平成17年より5年間、地域の進学拠点校2校と大分市内中心部の併設型中高一貫の進学校の校長を務めた。いずれも県内有数の進学校と称される学校であり、進学力の向上が最大の課題となった。以下に、初任校3年間の学校経営を土台にして私の実践と考え方を紹介させていただく。

1　学校経営の取り組みで特に重視してきたこと

(1) 学校目標の設定と具体的方策の策定

　学校目標の設定に際しては、特に学校の最大教育課題に合致していること、教職員や生徒・保護者・地域がなるほどと納得して必ず受け入れてくれること、学校を改革していく展望が開けるものとなることを考慮した。また、網羅的にならずに、わかりやすく、抽象的なキーワードは具体的に説明を加え、学校目標を重点化・明確化・具体化することに努めた。

　設定した目標を達成するための具体的方策を策定することは特に重要であり、全体目標を踏まえて分掌や学年団、さらには先生個人の段階まで、それぞれの目標と具体的方策が一貫性をもつことが大事である。目標設定の責任者として校長自らも積極的にアイデアや方策を提案したい。目標と具体的方策は表裏一体であり、両者が整って初めて目標達成が可能になる。

(2) 基礎・基本の確実な定着と学力向上

　「基礎・基本」とは、①日常の社会生活を営むために必要な基礎・基本（挨拶・身なり・言葉遣い・礼儀作法などのマナー、基本的生活習慣や規範意識等）、②学習の系統的・段階的習得に必要な基礎・基本（授業を受ける時の態度やノートのとり方を含む学習方法・自主学習習慣等）、さらに③生涯学習における基礎・基本（生涯学び続けていくための学び方）、を言う。

「定着」とは、しっかり身に着いて応用できること。「学力」とは、自己知・方法知・内容知を含む知力であり、徳と体力と共に三位一体となって「生きる力」となるものである。

このように、生徒の実態も踏まえて基礎・基本や学力を定義し、わかりやすく具体的に示した。基礎・基本の確実な定着は、学力向上の土台となるだけでなく、次代を生きる力を養うためにも、不可欠のものと考える。

(3) **目標（目的）の明確化と確実な目標達成**

学校教育の中で行われる取組や行事などにはすべて何らかの目的（目標）があり、それを明らかにすることでさらに大きな成果を得ることができると考える。例えば授業では、この科目は何のために教えるのか、この１時間の目標、１年後の最終目標を常に明確にして臨むことで、授業は充実し成果が確実になってくるだろう。定例となっている文化祭や体育大会、全校集会や服装検査等についても同様に目的を明確にすることが重要である。また、掲げた目標は確実に達成するという強い意識を持って具体的方策を実践していかなければ、学校経営ビジョンも画餅となってしまう。明確な目標とその確実な達成も一体のことであり、結果責任を果たせるよう見通しを持って計画を実践すべきと考える。

2 校長として取り組んできたこと

(1) **学力向上のための取組２例**

①高校導入期の指導：中学生から一気に高校生になれるように切り替えを図り、高校生としての自覚をもって、「学習を中心に据えた学校生活」をスタートさせるための取り組みを行う。

・高校生のマナー講習

その翌日から講習で習ったことを実践（練習）するよう指導しておく。マナー指導を通して思いやりの心を育成すると同時に、大人のマナーを身に着けることで高校生としての自覚を高める。マナーが浸透することで校内に落ち着きや秩序が生まれ、学習への関心や集中力が増すことになる。

・学習方法習得体験講座

基礎・基本の一つとして、本格的に高校の授業に入る前に教科ごとに高校生としての学習方法と学習習慣を具体的・体験的に身に着けさせる。
②「文武両道シート」の活用：A3用紙左ページに、自分の学習と部活動の目標とそれを達成するための具体的取組を記入し、右半ページには目標達成のための生活時間を記入して実践することになっている。本人と担任と部活動顧問がそれぞれ保管していて、個人面談等でも活用する。いわば生徒版目標管理シートであり、部活動時間の制限と共に勉強と学習の両立に大きな効果を挙げた。

(2) **危機管理として心がけてきたこと**

「学校は、生徒が安全で、安心して勉学や学校行事や部活動に専念できる場所でなければならない」を基本理念に据え、学校の安全管理に配慮した。コンプライアンス（法令順守）とアカウンタビリティ（説明責任）を常に意識し、「学校の常識」ではなく「社会の常識」で考えること、内輪の論理に陥らぬよう生徒や保護者や地域の人の視点で学校を観ることを心掛けた。クレームには、迅速・的確に誠意をもって、時には粘り強く、対応した。クレームは財産となることもあるが、初期対応を誤れば「一人の生徒・保護者対一教職員」の対応が「社会対学校」の問題に発展してしまうことがあることにも留意した。

3　今後の日本の教育や高校教育に大切と考えること
(1) **知・徳・体の調和のとれた人間の育成**

これからの時代及び現代の子供たちの実態を思うとき、改めて智・徳・体の調和のとれた人材育成の必要性を強く感じる。特に、精神的逞しさ、自律心、協調性、思いやりの心や正義感を育成していく徳育について、もっと時間を割いて積極的・組織的にいろんな場で取り組むべきだと思う。それは人格の完成という教育本来の目的にも叶うことであり、日本人としての特性を養うことでもある。知・体だけでなく徳も備え、世界から一目置かれるような豊かな人間性を持った逞しい日本人が多く育ち、日本や世界でリーダーとして活躍することを期待したい。

「改革」という名の人材育成

元宮崎県立宮崎西高等学校校長　現藤元メディカルシステム付属医療専門学校校長　**篠原有三**

1　私の教育5ケ条
(1) **私の基本方針（軸）は「人間大事」**
　① 人の話をよく聴く　　　② 思いやりの心が品格をつくる
　③ 人格を認めれば信望が集まる
(2) **私の教育信条は「教育は人なり」**
　① 教育は人【しだい】なり　② 教育は人【のこころ】なり
(3) **教育は複雑なものでも難しいものでもない**
　生徒が人生で必ず直面する次の問題に明確な回答を用意しておくこと
　① 人生いかに生きるべきか　② 他者といかに共生すべきか
(4) **「長」のつく人間の責任**
　① 自分のグループの仕事をやり遂げる責任
　② 自分の部下を育てる責任　③ 新しい仕事を創造していく責任
(5) **目指す管理職像**
　① 確固たる教育理念・教育信条があること
　② 生徒や教職員のやる気を引き出すリーダー性があること
　③ 不易と流行を見極め社会の変化に柔軟に対応する先見性があること

2　危機管理の点検と管理職に求められる危機管理能力
(1) 学校における安全確保がすべての教育活動で最優先されているか
(2) 避難訓練が形式的で形骸化していないか
(3) 学校全体の保健安全計画が策定されているか
(4) 緊急事態発生時のマニュアルが全職員の見える所にあるか
(5) 学校環境の点検・評価を常に行い、見直しを図っているか
(6) 危機発生を予測し、未然に防止する先見性と洞察力と情報収集能力

(7) リーダーシップを発揮する決断力
(8) 学校の内外、社会全体を見るバランス感覚
(9) マスコミには誠実さが伝わるように正直に謙虚に対応

3　「かたち」と「こころ」と「人間」

　私は学校全体や生徒一人一人を評価する際に3つの観点を持っています。それは生徒の「服装・身だしなみ」「挨拶・礼儀」「清掃・奉仕活動」の様子です。この3点にはその人間の本質が現れると思います。全国的なレベルで成果のあがっている学校や部活動などは、必ずといっていいほどこれらが充実しています。生徒の「服装・身だしなみ」「挨拶・礼儀」「清掃・奉仕活動」の様子は彼らの表面に現れる、いわば「かたち」です。「かたち」はものごとの本質ではありませんが、「かたち」は人間の心や本質を内包しています。「かたち」からその人間の本質が透けて見えるのです。「かたち」は「心」を作り、「心」は「人間」を作ると思います。「かたち」から「心」、「心」から「人間」、このプロセスを経て人格の完成した「人間」を作っていくことが納得できる教育成果につながると思います。

4　逆「ホウ・レン・ソウ」のすすめ

　教頭のときに4人の校長に仕えましたが、どんなに小さなことでもすべて報告・連絡・相談を求める方とそうでなく重要なことだけを求める方がおられました。私は後者の方に仕えるときに大きなやりがいを感じました。上司が部下にあまりにも強くホウ・レン・ソウ（報・連・相）を求めすぎると組織が硬直化して自主性が育たなくなると思います。ホウ・レン・ソウはむしろ上司から部下に行うものではないかと考えています。様々な研修会で日本の動きや世界の動向など教育以外の社会情勢に触れることの多い管理職が一般の先生方の視野拡大のために報告・連絡をする。その社会情勢を踏まえて所属している組織が今後どのような方向に進むべきかを部下に相談する。これが私が大切にしてきた、逆「ホウ・レン・ソウ」です。

5　教職員の人材育成（改革という名の人材育成）

　どの学校にもその教育活動において、それまでの成果と課題があるはずです。私はその学校の成果を踏まえつつ課題を改善するための改革を推進することで教職員の人材育成に取り組んできました。改革を進めるにはどうしても３つの壁を乗り越えなければなりません。それは、制度の壁と物理的な壁そして意識の壁（心の壁）です。改革を妨げるこの３つの壁のうち制度の壁と物理的な壁は割合容易に壊すことができますが、改革を妨げる最大の壁は意識の壁で、これを壊すのは容易なことではありません。踏襲を好み変革を敬遠する意識がこの壁です。意識改革なくして改革は進みません。意識の壁を壊すには次のような方法があると思います。

(1) 情報はすべて共有する　　(2) 職場での討論を活発にする
(3) その合意を尊重する　　　(4) 現場の状況を最重要視する
(5) 改革の根本に優しさといたわり、思いやりの精神を置く

6　国公立大合格者数倍増戦略（推薦・AO入試への挑戦）

　私は長い間、推薦・AO入試制度を積極的に推進し国公立大合格者数を増やしてきた経験があります。基本的考え方は次のとおりです。

(1) この入試においては教師の予想に反して合格する生徒が多くいます。これは教師側が５教科（英数国理社）型の成績という視点だけで生徒を評価しがちだからだと思います。この入試に限らず、教育全般において教師は様々な観点から生徒を評価すべきだと思います。

(2) この入試を推進すると教師が生徒の成績以外の色々な活動に目を向けるようになります。５教科型の成績はあまり芳しくないが、様々な活動に取り組んでいる生徒を大切にすることになり、彼らに光が当たるようになります。結果的に学校全体に活気が出てくるようです。

(3) この入試改革は教師が生徒の長所を見い出し、隠れた才能を掘りおこし、それを褒め育てながら進めていかなければなりません。このことは教育の本来の姿だと思います。我々教師が求めていくべき理想の教育の延長線上に推薦・AO入試が存在すると考えるべきではないでしょうか。

不可能という呪縛への挑戦

前沖縄県教育委員会教育長　現昭和薬科大学附属高等学校・中学校校長　**諸見里　明**

　私は、前職では県教育長を3年間、その前には県立高校校長を2校経験してきた。その体験をもとに教育職としてのリーダーのあり方を考えたい。

1　学校統合から学んだこと

　校長としての最初の赴任校は、県立名護商業高校（以下「名商高」という）であった。名商高は、当該年度限りで北部工業高校（以下「北工高」）との統合合併が決定している。

　着任してとにかく仰天したのは、北工高との統合計画が全く手つかずのままであったこと。学校では、私が着任する直前の1ヶ月間に「2回ほど職員会議で議論した」だけであったという。1年間で名商高が閉校となり北工高に吸収合併されるという事実をPTA会長、同窓会長をはじめ地域の関係者にさえも知らされてなかった。

　理由は、その数年以上も前に公示された県教育委員会の統合合併計画が、当該地域の大反対運動に直面してしまい、地域説明会等を何度開催しても埒があかず、結局、そのまま放置していたからである。年度内統合合併という特命を受けての着任だから、とてつもない苦労の船出であった。

　PTA会長は物凄い剣幕で猛反発した。市長、市教育長、教育事務所長及び地域の中学校長などは一様に困惑し反発感を隠さない。統合に向けての職員会議は大紛糾。まさに、四面楚歌、ゼロからのスタートであった。

　誰もが1年間での統合合併は不可能だと口にした。しかし、校長としての私の使命感は揺るがなかった。連日のように職員の説得や保護者への説明が続く。北工高との協議の積み重ね等、気の遠くなるような膨大な課題にひとつひとつ挑んでいく。統合に係る両校の協議会は毎回紛糾に終始する。

保護者等との打ち合わせや交流会を積極的に企画し夜の部の懇親会も数多くこなしていった。当初浴びせられた罵声や怒号も次第に収束に向かい、私との融和ムードが徐々に醸成されていく。多くの難局を越えて、とうとう、職員、保護者、地域をも巻き込むことに成功する。県立高校史上初めての学校間統合が成立し、「県立名護商工高等学校」が誕生したのであった。

2　「全国学力学習状況調査」最下位からの脱出

　その後、私は県立高校長を1校、県教育庁保健体育課長、同県立学校教育課長、同指導統括監、県立総合教育センター長を経て平成25年には沖縄県教育委員会教育長に就任する。

　県教育長に就任して喫緊にして最大の課題となったのは、全国学力学習状況調査（以下「全国学テ」）全国最下位脱却を成し遂げることである。同年8月中旬には全国学テの結果が公表された。予想通り連続6度目の全国最下位である。平成19年度に第1回目の全国学テで沖縄県が全国最下位と報道された際は、県全体を震撼させるほどの衝撃であった。県民全てが落胆した。それが、2回、3回と連続して全国最下位が報じられるにつれて、県民の受け止め方もかなり冷ややかに移っていった。6度目の全国最下位ともなると、県全体にある種のやるせなさ感が漂っていた。

　「本年度の全国学力調査におきまして、またしても全国最下位を脱し得なかったことについて、今年こそはと期待していた県民、そして県議会議員の皆様には、県教育長として本当に申し訳ない気持ちで一杯です。来年度こそは、県民の願いである全国最下位を脱出することができるよう、教育委員会一丸となって頑張る所存でございます」。これは、平成25年県議会9月定例会における代表質問への私の決意表明である。今、県議会の公式な会議録に目を通していると、当時の私の決意が並々ならぬものであったことに、改めて気の引き締まる思いがしてくる。

　当時の私の思いを振り返る。

　なぜ、いつまでも全国最下位を脱出できないのだろうか。それは、県教

育庁が担う学力向上施策に、何らかの遺漏があるからに違いない。全国学テ最下位が判明した平成19年度以降、教育庁は何も手を拱いて傍観してきたわけでは決してない。教育庁内にすぐ県学力向上対策本部会議を設置し、学力向上に資する実に多くの施策を展開してきた。歴代の教育長たちが、それこそ全国最下位脱出に向けてあらゆる努力を惜しまなかった。それが６年間も打破し得ないのは何か理由があるはずだ。教育庁の取組が上滑りばかりしていて、学校現場に届いていないのではないか。事実、いつまでも全国最下位なのは、教育庁がどんなに旗を振ろうが、現場がなびいてこない、何よりの証左なのだ。

　問題の本質は、学校現場にしかない。解決策は、学校現場の意識の改革以外にない。そのために私が打って出た方策とは、徹底した学校訪問であった。それも、私自身が率先することにあった。

　ここで、最も留意すべき点がある。学力向上の責務は、第一義的に学校にあるということ、すなわち私たち教師側にあるということを明確にしなければならない。このことは、県議会をはじめ、マスコミ、私の講話等においてあらゆる機会を通して発信してきた。決して子どもたちや家庭等他のせいにしてはならない。本県の子どもたちはやればできるのだ、ということを証明しなければならないのだ。

　９月には、全県小中学校校長を対象に、学力向上に向けた施策説明会を実施する。県教育庁の主催で県下全小中学校長が一堂に会するのは初めてのことだ。11月には、義務教育課内を再編し、指導主事２人を途中人事で加配した11人体制の「学力向上推進室」を設置する。年度途中で主要課である義務教育課を再編するのは極めて異例であるが、この推進室の設置は、教育庁内の意識をも大きく鼓舞することになった。至上命題とする学校意識の変革のために指導主事による徹底的な学校訪問を開始した。時間的・人員的に切迫した室体制からして、まずターゲットを小学校にのみ絞り、次年度の目標をあえて30位台に置くことを明言する。

　11月から開始された県下小学校への学校訪問は、３月末までに120校にも及んだ。訪問に際しては、当該校に関する各種データの提供や授業の改

善方策、家庭学習との連携等を強力に推進する。と同時に、校長等管理職への意識の啓発を徹底する。学校訪問は、各教育事務所や県総合教育センターはもとより市町村教育委員会とも強固に連携して取り組んだ。私自身をはじめ義務教育課長や推進室長も各地区に精力的に足を運んだ。

さて、全国学テにおいて、平成26年度、沖縄県は悲願とした「全国最下位」を脱出することに成功する。小学校の部総合で全国24位の成績となる。算数Aでは何と全国6位という快挙だ。これまで、ずっと全国最下位の域を脱出できなかったわけであるから、この24位というのは、信じられない飛躍であると言っても過言ではない（全国学テは小学校の部総合で平成27年度20位、平成28年度13位と大躍進を見せる）。

この快挙は、当然ながら学校訪問だけでなし得たものでは決してない。学力向上主要施策の策定、秋田県との人事交流、ブロック別研修会や総合教育センターの出前講座。さらに加えて、市町村独自の取組である。こうした大きな蓄積を背景に、今回の学校訪問が発火剤となり燎原の火の如く教職員の意識を変えていったのは間違いないと思料している。

3　学校教育に不可能などない

さて、こうした経験から、「私のリーダー論」を提言していきたい。

学校改革・教育改革の成否の鍵は、リーダー（校長、あるいは教育長）としての信念と使命感にある。

「１年間というわずかな期間内に学校間統合を成し遂げるのは不可能だ」

「全国学テにおいて、最下位さえも脱出できないのに全国30位台にまで一挙に引き上げることはとうてい不可能だ」

こうした不可能という呪縛に囚われている部下職員の意識を変革するのは並大抵なことではない。しかし「やってやれないことはない」「絶対にやる」という「不退転」を決意するリーダーの信念と使命感があれば、道は必ず拓ける。

課題が大きければ大きいほど、その課題解決に向かうのは、それだけ責任が重くなる。苦難も想定を越える。部下職員の反発もそれだけ強くなる。

できるなら、課題を先送りして次のリーダーに任せればよいと逃げたくもなる。しかし、リーダーとしてその職を拝命した以上、その使命から逃げるべきではない。学校課題を認識していても、見て見ぬふりをするのなら、残念ながらリーダーとしての資質が問われても仕方がない。「子どもたちの教育のために」という視点に立てば、どうすることが最善か、それを真っ先に考えるべきである。リーダーとしての信念、使命感はそこからしか生まれてこない。

　全国学テの大躍進を見て、痛感していることがある。それは、学校教育に不可能などないということ。一番大切なことは、子どもたちを教える先生方の、そして校長・教頭のやる気度、本気度なのであり、またその環境を整えてあげる行政の決意なのである。それをやらないというのは、行政の不作為でしかない。不作為という状況において、一番かわいそうなのは子どもたちである。これまで、本県は全国最下位という屈辱にも近い劣等感からどうしても決別できなかった。これを完全に払拭することができた。何よりも子どもたちに自信を湧かせ夢と希望を与えることができた。

　現在、私は昭和薬科大学附属高中学校校長に身を置いている。医学部医学科合格者では全国8位（平成27年）、同12位（平成29年）にランキングされるなど県内屈指の進学校だ。私の目標は医学部合格者のさらなる拡充と東大現役合格者10名以上を掲げている。これまでの経験を活かし、生徒たちや職員の意識改革に鋭意取り組んでいるところである。

学校改革を円滑に進めるための重要ポイント

熊本県立第二高等学校校長　山本朝昭

　校長として与えられた時間には限りがある。現状把握と分析、いわば様子見の時間を最小限にとどめて、学校改革を見据えた取組に着手した。一事例として3年間勤務した前任校の熊本県立八代高等学校・八代中学校における取組の経緯を紹介したい。

1　現状分析（SWOT分析の活用）

　県立八代高等学校には英語科教諭として勤務の経験があり、18年ぶりに校長として復帰した。当時と変わったものもあったが、変わっていないものも驚くほど多くあった。課題の洗い出しと整理を行うにあたっては、生徒の実態のみならず、地域の現状、地域社会での役割や求められる人材像等についての客観的分析が不可欠である。SWOT分析によって、強みと弱みを顕在化させたり、外部資産の有効性を検討したりするなどして戦略オプションを検討した。

2　改革の方向性を構想

　強みは中高一貫6年間で生徒を育てられるということ、弱みは地方都市特有の内向き志向と奥ゆかしさである。強みを生かし、弱みを克服すると同時に学校の特色化を図りたいと考えた。課題解決の手段として、「グローバル人材育成プログラム」を着想し、併せて英語力強化の方策を探ることとした。これによって学校の力点が鮮明となり、特色化を図ることができるはずだ。一点突破全面展開を志向した。

3　ビジョンの明確化と5カ年ロードマップの策定

　学校改革について構想した内容を文書にまとめた。明文化することで、

副校長・教頭、各部主任・主事と改革の理念を共有し、学校を変えるというメッセージを正確に伝えることができた。また、改革が迫られる理由や背景を社会情勢と絡めることで説得力を持たせた。改革と言っても、学校の歴史や綱領など不易には忠実でなければならない。不易の部分を踏まえながら、目指す「生徒像」「学校像」「教職員像」を策定。改革の方向性とビジョンを明確にした。

　各部・組織の目標や実践がビジョンに合致する必要がある。各教科には中高6カ年グランドデザインの再構築を求め、各部署・学年には、組織のあるべき姿・組織で実現する内容を明文化し、定性目標と定量目標を設定するよう促した。教職員一人一人は、学校目標と各部組織の目標を達成するための目標を管理職との個人面談によって明らかにした。学校改革の理念や方向性と学校経営の力点や優先順位について教職員の理解を促進するのに役立った。

　これらのことを踏まえ、改革のビジョン・手段・年度ごとの重点目標をイメージし、5カ年ロードマップを作成した。改革が頓挫せず、風化しないために、可視化しておくことが有効だと考えたからである。

4　グローバル人材育成プログラムの展開

　ビジョンの明確化や5カ年ロードマップの策定と並行して、グローバル人材育成のための3つのプログラムと英語力強化プログラムを開始した。これらのプログラムの全てがゼロからの立ち上げではない。従来からの活動を整理・統合し、目的と活動内容に応じて○△プログラムという名称を付したのである。例えば、これまでも実施していた講演会などの生徒の知的好奇心に訴える活動は「知の触発プログラム」として整理した。講演会やワークショップに限らず、授業外の知的触発をもたらす活動は共通項で括って「知の触発プログラム」なのである。

　知的触発を受けた生徒たちは、行動も変化する。ボランティアなどの社会貢献活動に精を出す生徒、コンクール・コンテスト出場などの自己研鑽に勤しむ生徒。これらの活動に主体的に挑む生徒を「グローバルアクショ

ンプログラム」として奨励し、支援する。生徒自身はポートフォリオとして活動を記録し、活動前後の変容までをデータベース化する。担当部署は、生徒が参加した活動を把握しカウントする。設定する目標値自体が生徒の主体的活動のバロメーターであり、学校全体の勢いを反映している。

　グローバル人材に必要なツールとして、英語力を強化する実践を「英語力強化プログラム」として開始した。聞く・話す力と論理力を養成するパーラメンタリーディベートの授業導入、洋書ライブラリーの設置、英語ビブリオバトル、英語漬け合宿など、およそ考えられる取り組みが英語科職員の献身によって実現した。ディベートでの全国大会や世界大会出場によって、参加した生徒たちだけでなく周囲の生徒たちの視野もまた一気に広がり、進路観にも影響を及ぼすなどの成果をあげた。

5　学校改革2、3年目の取組［組織改革・カリキュラム編成・教育改革への対応］

　2年目には、組織の統廃合を行い、「グローバル改革推進部」を新設した。学校改革を推進するためには、組織の中心に位置して、各部署に横軸を通し、連携・調整する部署が必要だからだ。グローバル人材育成プログラムの推進主体のみならず、グランドデザインの構築と各部署の定性目標・定量目標の調整を部の任務とした。また、デジタルポートフォリオ構築システムの導入など従来の部署に収まり切れなかった業務や、現代的な教育課題にも挑む組織とした。また、先述した「対話力」の授業を開設し、中学校前期を日本語活用ステージ、後期を英語活用ステージとして位置づけ、即興型英語ディベートなど多様な活動によって「対話力」の養成を図った。

　3年目には、プレミアムデーを設定した。学期に一度、午後の時間を指導力向上研修に充て、授業改善などに役立てる。特色ある授業や先進的な取り組みを行っている教員や教科が、他の教員に紹介し、成果を発表するものだ。また、これまで年間のあちこちに散在していた各種職員研修もこの日に集約することで、行事が整理され、計画性が高まり、働き方改革の

意識醸成にも貢献した。

　学校改革を進めるにあたって、ビジョンを明示し手段をプログラム化したこと、各部署・組織が設定する目標を再デザインしたこと、組織と教職員一人一人の目標設定をリンクさせたことなどが、改革を比較的円滑に進めることができた要因である。着任3カ月後には学校改革に取り組み始めた。拙速ではいけないが、与えられた時間には限りがある。着任1年目の速やかな現状分析と学校経営構想が肝要になるとあらためて思う。

（別表）学校改革の経緯

着任1年目	4月〜6月	現状分析（SWOT分析の活用）	
		❶SWOT分析による現状の把握	①強みと弱みを顕在化させ、強化すべき点と克服すべき点を順位づけ ②外的要因と内的要因の分析によって戦略オプションを構想
		❷課題の整理	・地域の現状と課題、学校の現状と課題、生徒の実態、地域社会での役割と求められる人材像を分析・整理／実態の正確な分析／外部資産の有効性検討
	7月〜8月	改革の方向性を構想	
		❶強みを特色化	①中高一貫の強みを生かすため、6カ年グランドデザインの再構築に着手 ②達成目標の向上と進路指導観の変革
		❷弱みを強みへ	・地方に立地する弱みの解消。内向き志向を外向きに変え、視野の拡大を図るためのグローバル人材育成プログラム開発。英語力強化プログラム
	9月〜	ビジョンの明確化と5カ年ロードマップの作成	
		❶学校改革のビジョンを明示	①目指す生徒像・学校像・教職員像の策定 ②学校改革の背景、ビジョン、方向性を文書化・明文化
		❷学校改革5カ年ロードマップの策定	・改革の手段と学校改革3つの柱、重点目標を年度ごとに明示
	10月〜	グローバル人材育成プログラムの開発と展開	
		❶グローバルマインドを育む3つのプログラム	①[知の触発プログラム] 最前線のグローバルリーダー招聘による講演・ワークショップを開催 ②[グローバルアクションプログラム] 生徒の主体的自己研鑽・社会貢献活動の支援と奨励 ③[グローバルリサーチプログラム] 探究的活動と研究論文の作成
		❷英語力強化プログラム	①即興型英語ディベートの授業導入（中3、高1） ②洋書ライブラリー設置による多読指導と英語ビブリオバトル ③外部検定試験の活用・英語合宿・海外研修・リスニングタイムの導入、綱領の英語化、英語ウェブサイト作成　等
着任2年目〜		学校経営の組織化と教育改革への対応	
		❶組織改革	①グローバル改革推進部の設置による新規事業の展開 ②各部署の定性目標・定量目標を明示し、目標値を全職員で共有する仕組みを構築
		❷カリキュラム編成	・中学校に「対話力」の授業を開設（50分×2／週） 　[前期] 日本語活用ステージ　NIE、MESE、ディベート等 　[後期] 英語活用ステージ　英語ビブリオバトル・即興型英語ディベート等
		❸教育改革への対応	①デジタルポートフォリオ構築システムの導入 ②プレミアムウェンズデー設定（集中研修）による、指導力向上と働き方改革

日本一の商業高校生を目標に

前熊本県立熊本商業高等学校校長　現国立大学法人熊本大学入試戦略室アドミッションオフィサー　**宮崎　功**

1　校長としての哲学、取り組んできたこと、学校経営で重視したこと等

　校長となった途端、地域の様々な会合に教育現場代表として出席する機会が増える。それは自分自身が学校や高校の代表として見られることであり、言動もあえて意識せざるを得なかった。誠実に謙虚に振る舞うことを旨としながらも、自分の人物的過小評価が学校や教育界の評価につながるのは不本意と思い、その矛盾に悩んだ時もあったが、論語の「君子は泰（やす）らかにして驕らず」という言葉を肝に銘じ、落ち着き堂々としていながらも謙虚さを失わない態度をとることを目指した。

　県内の商業関係高校の拠点校の校長を拝命した時は県下全体の商業教育の取りまとめをしなければならなかった。折しも多くの商業関係高校が定員割れを起こしており、商業教育の活性化を目指して様々な取組みを行った。県内の商業科の中堅教員を6名ほど集めて、活性化検討委員会を立ち上げ商業教育のアイデンティティを考案したり、毎年20名ほどの県内の商業科生徒を引率してアジア地域へ海外研修を実施したり、各学校の販売実習の代表を集めて市の中心街で商高生マルシェを開催したりと、商業教育の充実やPRに努めた。自校に留まらず広く県内の商業高校生の人材育成にも役立ったと自負している。担当した商業教育研究会は大変な思いをしたことであろう。

　校内では生徒に対して「日本一の商業高校生たれ」と訴えてきた。部活動や商業関係の競技会等での日本一は難しいが、商業高校生としての生活面、人物面、学習面等で日本一を目指すよう機会ある度に訴えた。日常の家庭生活から学校生活、登下校に至るまで、全ての面で日本一の商業高校生として行動するよう言った。教職員には学校を日本一の商業高校にした

いと公言した。これは一つのビジョンでもあった。教職員も自分たちの専門教科や校務分掌等の教育活動で生徒たちに日本一の商業高校生を目指させた。特に生活面や人物面では地域や企業等の方々からも評価され、最大級のお褒めの言葉をいただいた。

生徒には厳しくとも、より高い目標を与えると、素直な生徒ほどチャレンジしようと努力してくれる。

現状維持は後退である。生徒の日々の成長こそが本人、保護者、教職員にとって共通の望みである。

2　副校長・教頭、事務長、主幹・主任等や教職員への指導・助言等で重視してきたこと

管理職を含め、教職員には生徒への指導を第一に唱えながらも、本人たちの人材育成も併せて考慮していた。

管理職等にはいつでも次のポストが務められるように、上司の言動をその立場を意識して見聞きしておくように言ってきた。また校長への報連相（ほうれんそう）には自分なりの原案を持って来るようにも指導した。上司の指示を待つのは簡単であるが、原案を考えることは本人の成長にもつながる。

主幹教諭・主任主事は管理職への意識もまだ低く、職員の指導・助言の経験も少ないが、人材育成の観点から方向性だけを与えて仕事を命じ、時には途中経過の報告を聞き、微調整を加えながら業務遂行してもらった。一つの業務を成し遂げた時は大きな自信と経験が育まれる。

3　高校、大学教育の接続で重視すべきこと

現在、文部科学省は高校教育、大学教育、そしてその二者を接続する大学入試と併せて三位一体の教育改革を行おうとしている。

高大接続システム改革会議では学力の３要素として、①知識・技能、②思考力・判断力・表現力に加え、新たに③「主体性を持って多様な人々と協働して学ぶ態度」を入れて、高校時代にバランスよく育成することが必

要としている。三つ目の主体性・協働性等をどのようにして育むか、高校の教育力も試されるし、大学もその能力を入試でどのように測るのか試されてくる。

　また、大学入試もセンター試験や個別試験での改革を目指している。具体的には共通テスト（センター試験に代わるもの）に国語・数学での記述問題や英語では外部の認定試験の導入が予定されている。一般選抜でもより高度な記述式問題が出される方向である。

　さらには主体性・協働性といったものを入試で評価するために一般選抜でも多面的・総合的な人物評価を取り入れる方向で検討されている。大学入試が変われば高校教育も変わる、と言われるが、今後は高校時代の活動歴がより重要視されてくるだろう。高校3年間でどのような活動をし、どのように成長したか、提出書類等で評価することになる。

　ただし大学入試のために諸活動を頑張るというのは本末転倒である。校長としては、大所高所から、本来の高校教育を見失うことなく、生徒の能力に応じた成長を促しながら、結果的にその活動歴や成長ぶりを客観的な資料とするという視点を保持していなければならない。

　しかし大学側の本音としては、大学教育に対応できる基礎学力は必要とする「学力の担保」という考え方がある。アドミッションポリシーに適合し、目標や志望が高く人物的に申し分なくても、学力がなければ結果的に留年や退学といった不幸なことも起こり得る。いわゆるミスマッチをなくしたいのであろう。

　今後は人物重視の大学と人物重視を唱えながらも学力の担保は譲れない大学との2極化が今以上に進むと思われる。いずれにしても生徒は学習活動以外に部活動、生徒会活動及び委員会活動、ボランティア活動など積極的で忙しい高校生活を送ることになる。そして、調査書の書式も大幅に変更される。担任等の記載能力も向上していかなければならない。

魅力ある学校づくりの三つの着眼点

佐賀県立小城高等学校校長　**永田彰浩**

　高校教育は大きな転換期を迎えている。ここに紹介する教育実践は、魅力に欠ける学校は自然と淘汰されていくという厳しい現実の中、戦略を駆使して必死に学校を守ろうとする校長の奮闘記の一部である。

1　着眼点

着眼点①：「協働」・「共創」　激動する社会は、学校に対しても容赦なく変化を求めてくる。現状維持では、やがて停滞、後退を招いてしまう。成長のためには「イノベーション」は欠かせない。そして、その変革を後押しするものとして、「協働」や「共創」は効果的である。教職員、保護者、地域、専門機関等がそれぞれの持ち味（特色）を活かしながら教育目標を実現していくという「協働」は、現代の教育課題解決のための効果的な手段である。また、有力企業など、学校以外の教育力を価値創造プロセスのパートナーとする「共創」は、新しいサービスや新しいアイディアの創出などに大きな力を発揮できる。

着眼点②：「強み」を活かした課題解決　教育改革期の今日、学校現場ではアクティブラーナーの育成、キャリア形成と自己実現、カリキュラム・マネジメント等の課題が山積している。ところが、どれ一つをとってみても、容易に解決できるようなものではない。そこで、課題解決の糸口として、学校の特色（「強み」）をうまく活かせないものかと考えるようにしている。例えば、「学校の活性化」という課題に対しては、学校のこれまでの歩みを振り返り、本校教育の「不易」と「流行」を明らかにすることで、活性化のヒントを見出すこともできる。また、学校固有の「強み」を活かした戦略に打って出るのも面白い。

着眼点③：「MCWの輪」を意識した教員のキャリアプランニング力の育成

「MCW」とは、「Must」「Can」「Will」のそれぞれの頭文字である。「Must」は、自分に課せられたやらなくてはならないこと。「Can」は、自分ができること、本人のスキル。「Will」は、自分の目標、やりたいこと、なりたい姿である。職員のキャリアプランニング力は、イノベーションの原動力であり、その力の育成を図るため、次のような助言を行っている。仕事として「Must」ばかりにとらわれ過ぎると、心身ともに疲労感が蓄積し、いい仕事はできない。できれば、自分のできること「Can」や自分がやりたいこと「Will」を意識し、進んでそれらを実践することで、達成感や満足感が得られ、仕事のモチベーションもアップしていく。自分自身のキャリアアップを図るには、この「MCWの輪」の交わった部分を広げていくように心掛けることで、自身のキャリアプランニング力が身についていく。

2 実践例

実践例Ⅰ：校務分掌の見直し・再編 校務分掌は、学校の抱える課題を明確にし、その課題を各分掌が連携し合って解決していくための校内の管理・指導体制であって、イノベーションの実現など、課題に応じて年度ごとに見直し、既存の分掌を再編したり、新しい分掌を設置することも必要である。次に、各校務分掌の業務内容を見直し、新たな分掌を設置するための一つの方策を提案する。

①シートに各分掌ごとに業務内容を書き出し年間の仕事量を概数で示す。
・月のうち10日以上にわたりその仕事に従事する場合の仕事量は「1.0」と見なす。また、10日未満の場合は、仕事量を「0.5」と見なす。いずれの場合も、1日の当該作業従事時間の長短については区別しない。
②運営委員会で各分掌より提出された現業務内容について意見交換する。
③再び各分掌ごとに次年度の業務計画を見直し、作業シートを再提出する。
④各分掌の仕事量に応じて、職員定数に基づき人員を配置する。

実践例Ⅱ：時代の変化に適合したキャリア教育の質的転換 「小学校に入学した子供たちの65％は、大学卒業後、今は存在しない職業に就くだろ

う」(ニューヨーク市立大学大学院センター教授キャシー・デビッドソン氏)、「今後10～20年程度で、半数近くの仕事が自動化される」(オックスフォード大学准教授マイケル・オズボーン氏)という専門家の予測が出される等、子どもたちの将来は不透明で、先が見通せない状況である。成長社会から成熟社会への転換に伴い、学校教育の使命として、子供たちが社会の中で自分の役割を果たしながら、自分らしい生き方を実現できるよう健全なキャリアの発達を促すキャリア教育がますます重要となっている。そこで、キャリア教育の指導のポイントを、従来の「将来、どのような職業に就きたいか」ではなく、「将来、どのようなことをやりたいか」「将来何ができるか」を考えさせることとし、「キャリア教育特別講演会」を実施した。その趣旨は、業種を問わず、ベンチャー、世界戦略、市場開拓、新商品開発等、マスコミで話題の地元の優良企業7社を招いて、各社の抱える課題・経営戦略等に触れさせる。そして振り返りとして企業ごとに講演レポートを作成することで、県内の中小企業でも世界に挑戦できるという新たなキャリア概念の形成を図った。また、佐賀県の施策である「ふるさと佐賀を誇りに思う精神の育成」を兼ねて実施した。

実践例Ⅲ:多様性を活かした活気ある集団づくり 少子化が一段と加速する中、本校では常に、高校入試「定員割れ」という危機感を抱いている。そこで現状打開の一方策として、「均質な集団は成長しない。異質なもの同士がお互いに他を刺激し合うことによって集団は成長する」との信念のもと、「多様性」を活かしたイノベーションの実現を目指し、高校入試に、従来の一般選抜及び特色選抜B方式(柔道)の他に「X選抜」と「Y選抜」を新たに導入し、アドミッションポリシーの多様化を図った。

・〔X選抜〕学習活動、及び部活動、生徒会活動、ボランティア活動等、文武両面にわたって継続して取り組み、3年間を通して常にリーダー的存在として活躍が期待できる生徒
・〔Y選抜〕ふるさと佐賀を誇りに思い、将来は自分の住んでいる地域のために貢献したいという高い志を持つ生徒で、かつ、自分の長所や特技・強みを発揮して学校活性化に貢献できる生徒

質の高い教育活動の展開を可能にする組織マネジメント

佐賀県立佐賀西高等学校校長 **松尾敏実**

現在、校長を務めて1年目であるが、これまでの教育行政での経験等を踏まえ、この1年間取り組んできたことなどを紹介したい。

1 学校経営の取り組みで重視してきたことなど

学校経営の取り組みで重視してきたことは、第一に本校の学校教育目標実現に向けて、今年度の重点目標を明示し、職員会議等で具体的な方策を示すなど、学校全体で共通認識を持って着実に取り組むようにすることである。

第二に学校の組織力を高めることである。特にミドルリーダーである分掌、学年の主任とのコミュニケーションを密にして、それぞれの課題について議論し、課題解決を図っていくなど、分掌・学年を中心として組織力を高めていくことを大事にしてきた。

また、喫緊の課題に対しては新たに組織を立ち上げ対応してきた。例えば、長欠の生徒や特性のある生徒への対応が問題となっていたので、関係の分掌・学年が合同で定期的に長欠者等対策連絡会を行ってきた。その中で生徒に関する情報の共有、及び具体的な対応について確認を行うことができ、すべてが改善できたとまではいかないが、少なくとも組織的に対応することはできた。

さらに、次期学習指導要領や大学入試改革に対応するためのプロジェクトチームを立ち上げた。この中で総合的な学習の時間の内容等の再構築や、生徒の学習や活動の履歴を蓄積し進路指導等に活用するeポートフォリオの検討等を行い、改善を図っている。

この他にも課題はあるが、それぞれについて関係職員に問題提起を行い、議論をして良くなる方向へ改善が図られるようにしている。

第三に教員の資質向上を図ることである。学習指導要領の改訂や大学入試改革が進む中で、どのような資質・能力を生徒に育み、どのような教育課程や指導計画を策定して、どのように授業や評価方法を改善するのか学校全体で考えていく必要があると考えている。そのため、先進校視察や校内外での教員研修に積極的に派遣するなど特に力を入れている。また、授業研究も全教科で実施し、授業改善を図っている。
　以上３点が学校経営の取り組みで重視してきたことである。特に学校組織マネジメントの観点から言えば、これまでどこでも取り組まれていることだと思うが、基本に立ち返ってこの３点を重視してきた。

２　校長として、危機管理対策として配慮・留意してきたこと

　学校における危機管理では、生徒や教職員の生命や身体を守るため、事前に危機を予見し、回避するための対応が何よりも重要であり、また、危機的事象が発生した時には、被害を最小限にとどめる対応を組織的に迅速かつ的確に行うことが重要であると認識している。危機管理でまず大事にしていることを段階別に整理すると、①平常時の対応（体制の点検・整備、情報収集、訓練）、②危機発生時の対応（安全確保、迅速な対応、役割分担の明確化等）、③収束時の対応（原因究明、再発防止）である。
　また、危機管理については、危機事象の事例研究を行うなど校長としてどう判断し、どう対応するのか普段から考えるようにしている。さらに、教育委員会からも度々通知が発出されるので、それらをしっかり受け止め、そこから学び、ルールを守っていく風土を学校の中に作っていくことが大事であると考えている。

３　教職員、生徒、保護者等に語り続けてきたこと

　本校の歴史と伝統を引き継ぎ、これからも学校教育目標の実現を図っていくことが校長としての使命であると考えている。今年度は「高い志を持つたくましい西高生の育成」を目指していくことを目標としており、そのためには勉学はもちろん学校行事や部活動もしっかり取り組み、学力だけ

でなく人間力を高めていくことが重要であると考えている。このことは機会あるごとに教職員、生徒に伝え、保護者にも後援会や学年保護者会等で伝えている。

4　教職員への指導・助言等で重視してきたこと

現在、高大接続改革が進められ、学習指導要領の改訂もあり高校教育はこれまでにないほどの大きな変革期にあると思う。それでも学校は生徒のためにあり、何よりも生徒のために質の高い教育活動を創り出し、実践していくことが重要であると考えている。それを実現するためには、教員の間で学び合い、協働性のある風土を学校の中に創っていきたいと考えている。そのため授業研究や作問研究、教科研修等が、さらに積極的に取り組まれていくような環境づくりをしていきたいと考えている。

5　校長、教頭など学校リーダーをめざす者に期待すること

教職員が使命に燃え、学校に活気があり、その中で生徒が輝き、保護者や地域が信頼感を寄せる学校がよい学校であると思う。そのため、大事にしていることは、常に学び、考え、行動していくことである。これからの学校のリーダーには、情熱と、学び続ける謙虚さ、課題を乗り越えていく創造力、指導力が必要だと考えており、そのような力を持ったリーダーになることを期待したい。

6　おわりに

今後の教育で大切なことは、将来を担う子どもたちが、時代の変化に主体的に向き合って、社会や人生をよりよいものにしていく力を身に付けていくことだと考えている。そのためには、質の高い教育活動を展開していくことが重要であり、それができるような学校づくりをしていくことが校長として責務であると考えている。

第2章　組織力を高め、改革を推進する——困難を乗り越え、課題解決を図る戦略

「顧客」視点に立った選ばれる学校づくり

元長崎県立長崎東高等学校校長　現長崎県・瓊浦高等学校校長　**宮崎芳之**

1　はじめに

　最近のニュースを見ていると、大企業の不正、教員の不祥事、痛ましい事件、外に目を向ければ、テロ、ミサイル実験等々、世の中不安に駆られることが多い。そういう中で文化・スポーツにおける活躍、資格・検定への挑戦など、一生懸命頑張っている高校生の姿を見るとなんだかホッとした気持ちにさせられる。

　こういう高校生の「一生懸命の熱い風」を絶やさないよう、生徒のために環境づくりをすることこそが、我々高校教育に携わる者に与えられた使命ではないだろうか。

　とはいえ、少子化による生徒の大幅減少という大きな波の中に我々はさらされており、特に本県では学校の統廃合、学級減など深刻な問題を抱えている。現在直面している生徒減ということも含めて「学校危機管理」についてこれまで配慮してきたことを紹介してみたい。

2　「顧客」という考え方

　この厳しい現状の中で、我々教員が認識していなければならないことは、ついこの前までは学校側が子どもを選択するという立場にあったのが、子ども達に学校が選ばれるというものに変わってきているということである。要するに子ども達に選んでもらうにはどういう学校づくりが必要なのか。管理職のみならず、教員一人ひとりがそれぞれの立場で真剣に考えることが必要である。

　そこで学校という組織の中に、企業経営におけるものの見方や考え方、あるいはそのノウハウといったものを導入することで教員の意識改革を図ってきた。

公立でも私学でも同じことが言えると思うのだが、教員間で特に感じることが「顧客」という意識に欠けているということである。
　一例として職員に次のような話をしてきた。
　「ここ数年来、大型小売店を始め、メーカーなど様々な企業が次々に倒産していく状況の中で、コンビニエンスストアが健在である。それは『売れる物を売っている』そして『いつでも欲しいものが手に入る』ということ、いわゆる顧客満足度を十分満たしているところにその秘訣があるのである。これを学校に当てはめて考えれば、選ばれる学校づくりができるのではないだろうか」
　そのような視点で教育課程の編成、生徒指導、部活動指導、授業設計などあらゆる面に適応させることが、顧客いわゆる生徒に合った魅力ある特色を生み出すことができるという信念のもと、やってきたつもりである。
　「特色ある教育活動」「開かれた学校」「授業や指導方法の改善」「教員の資質向上」等、多くの課題にこれまで取り組んできたわけだが、どうしても教育論的な方法だけでは限界があり、万能ではないと感じている。
　管理職として、教員の中にあるバラバラな意識を、「教育論」や「あるべき論」のような「精神論」のみで束ねるのではなく、それに何かもう一つを付け加える工夫が必要かと思う。そこに意識改革ならぬ体質改善が図られるものと思っている。
　これから「選ばれる学校」となるために、以前にも増して学校には、一層の「創意工夫」と「特色」を打ち出すことが望まれる。

3　学校危機管理

　かつて「災害は忘れた頃にやってくる」と言われた。しかし、今の学校では「事件や事故は、いつでもどこでも起こりうるのが現状である」。この認識のもとに、日頃の危機管理には万全の体制を築くことが何よりも重要である。
　そこで我々がしっかり認識しておくべきは、一般に学校は安全なところと理解されているのだが、現実は、学校生活の様々な場面において事件・

事故の発生が見られ、時には死亡事故が起きるなど、必ずしも安全が確保された場所とは言えないということである。

　ここで大事になるのが、起こった後の対応である。事件・事故そのものもさることながら、その後の学校の対応のまずさから、かえって事を大きくしてしまうことが少なくない。事件や事故は、どんなに絶無を期しても100％防げるものではないが、二次被害は学校の対応次第で避けることができるのである。

　「何か起こってから、どうしよう」では遅い。まずは、誰もが同じ物差しで対応できる基盤をつくり、迅速に歩調を揃えた行動をとることが大切である。そのためにも学校における責任者や窓口になる者の指定、外部への対処法など基本姿勢を定めるマニュアル作りが必要である。

　特に学校は報道機関対応に不慣れなことから、つい逃げ腰になりうまく真意が伝わらないことが多い。逃げたり隠したりと避けるのではなく、むしろ報道機関を味方にしてしまうくらいの気持ちが大切である。何かあったときは、親身に相談にのってもらえることもある。外部との対応は教頭に一本化し、その情報をもって校長が判断し、入念な準備をした上で校長が対応するという二段構えを徹底した方がよい。たとえ正しくとも、対応がまずければそこをつかれてしまって、不本意な状況になることもある。そのような事態を招かないためにも、危機管理の中に外部との対応をしっかりと位置づけ、常日頃から意識しておくことが大切であろう。

4　おわりに

　教育を取り巻く社会の変化は激しく、教職員に対する社会の目も厳しい中、慎重に対処する必要はあるが、臆病になる必要はない。私は、教育は「行動と情熱」であると思っている。

　ある会社の経営者曰く「アマは考えているうちにチャンスを逃す。プロはまず行動することでチャンスをつかむ」。

　混迷し、先行き不安を感じる今こそ、「まず動け、しかる後に考えよ」の姿勢が大事なのだと考える。

トップダウン＆ボトムアップ方式で教職員の意識改革を図る

元大分県立大分上野ヶ丘高等学校校長　現平松学園向陽中学校校長・大分東明高等学校校長　**平塚正明**

1　経営ビジョンをもつ

　県立高校教員を17年、国立附属中学教員を1年、県教委職員を16年（その間1年は県立高校教頭、半年は旧文部省研修生）勤務ののち、4年間県立高校長を勤めて定年退職した。

　校長を勤めた高校は旧制中学から120年の歴史と伝統があり、県内トップの進学実績のある学校である。しかし着任当時は、県内から多くの優秀な中学生が入学しているにもかかわらず、相応の成果を残すことができず、教職員の士気も滞っていた。

　着任直後の4月初め「学校づくりビジョン」として、生徒のもてる可能性を最大限伸ばす仕掛けをする、そして高い志をもち挑戦する精神と最後までやり通す生徒を育てる等々を提示した。4月下旬には自ら作成した「学校の課題と対策」を分掌主任に提示し、分掌ごとに1学期中に検討し解決策を出すよう指示した。1学期末には各分掌から出された解決策を受けて「学校教育計画」を自ら作成するとともにビジョン実現に向けた25項目から成る実践事項とその具体的取組内容、開始時期を盛り込んだ「教育計画実践プログラム」に沿って実行をスタートした。

　同時に教員の意識変革をするため「職員室机上フラット化」を行った。机の前後左右を本立てや物品、書類等で堆く積み上げて、周囲から遮断したタコ壺状態の改造である。職員室の端から端までが見通せ、明るく、風通しの良い状態にした。これには強硬に反対する者や異論を唱える者などがいたが校長のビジョン実現への決意と覚悟を示すため断行した。

　他方、分掌主任には改革へのリーダーシップを発揮させるため先進校視察や研修会などに積極的に参加させるとともに必要な経費はPTAや同窓会、後援会などの支援協力を取り付け、改革の推進力アップを図った。4

年間に未履修問題や県教委不祥事などがあったが、21世紀枠で60数年ぶりの甲子園出場や公立高校では西日本トップの東大合格者を出すなどもあった。

　校長は確たる経営ビジョンをもち、それを実現する戦略がなければならない。戦略とは人を動かすことである。校長は絵を描き舵取りはするが、それを実践するのは教職員である。それ故、ビジョンは学校の現状や課題を正しく踏まえ、その解決策は説得力があり、実現に向けて教職員が日々意欲的に活動できるようにすることである。教職員が我関せずでなく、自ら関わり、自ら決めて、自らやるという意識付けが重要となる。そのためにトップダウン&ボトムアップ方式を採用し、ミドルリーダーたる分掌主任を推進役に据えて、いわば校長が作成した素案を分掌主任に下ろし、分掌ごとに検討した案を分掌主任が全教職員に諮り決定する方法をとった。

2　危機管理に徹す

　県立高校長退職と同時に私立高校長に転じ、今日に至っている。県内の公私立高校で最多の在籍生徒数の学校である。併設中学校からの内進生など個性豊かで多才な生徒とともに、多くは県立高校受験で失敗した生徒である。生徒は一様にうつむき加減で自信なさそうな登下校風景であった。一方で教育内容や教育システムは確立した見るべきものがあるものの、教職員は長年異動もなく平穏に勤めているからか意欲と活気が乏しいような印象をもった。

　私立学校は全ての教育活動が生徒募集に収斂される。生徒募集の第一歩は危機管理、安全安心にある。学校事故や事件は命取りになりかねない。安全とは生徒の心身の健全かつ平穏安全を守ること、安心とは生徒、保護者が安心して3年間を託すことができ、教職員も安心して働くことができることである。生徒が明るく元気に活動し、教職員が意欲的に取り組んでいる姿が安全安心の出発点であり、そのような学校に中学生や保護者も目を向けるはずである。そこで、着任後直ちに「5つの約束」を作成して師弟同行とした。5つとは元気なあいさつの励行、制服の正しい着用、始業

終業時間の厳守、水拭き清掃の実施、整理整頓の徹底である。

　現在も継続実践しており、徹底してきてはいるが未だ道半ばである。この取組を基盤として、学校の教育目標や教育方針、コースの重点課題、担任のクラス目標や教員一人ひとりの取組などを一覧表にして、毎年度初めに保護者や中学校へ配付し、また常時授業公開の実施や文化祭、体育祭の公開はじめ保護者からの意見聴取など外部の目を取り入れつつ、広報誌やHPの拡充などにより内部からも積極的に発信することで一層の推進力を得るように心がけてきている。すべて良いことだけではないが、幸いなことにオープンキャンパス参加者や入学生は確実に増えてきている。

　危機管理はいったん何か事が起こった場合の生徒の安全確保や対応、マニュアル作成、シュミレーション訓練などは当然のことであるが、平素からの安全意識の啓発とともに危機回避へつながる活動が重要である。

　校舎内外が雑然として汚れ、ゴミが散乱し、風紀も乱れているような、いわゆるスクールガバナンスの利いていないところに危機管理、安全安心はないと考えている。生徒が明るく規律正しい学校生活を送り、教職員が緊張感をもって教育活動に率先垂範する、校長が常に最悪の事態を想定して「逃げない　隠さない　嘘をつかない」という姿勢を堅持できている学校は危機の発生する可能性も低くなるのではないかと思っている。

3　スクールリーダーたれ

　校長の立ち位置は「大局着眼　小局着手」である。校長はいつも全体像を見据えたうえで目前の一事を着実に実行していく姿勢が重要である。昨今の多忙化とともに校長も目前の事務処理に忙殺されて、学校経営を疎かにしているのではないかと懸念している。校長はスクールリーダーであり、マネージャーではない。マネジメントは必要だがマネジメントそれ自体が目的になっては舵取りができない。学校は校長のリーダーシップのもと、確たる意思をもつ、自立した教育機関であることを望んでいる。

第2章　組織力を高め、改革を推進する──困難を乗り越え、課題解決を図る戦略

志願倍率0.48から1.2へ。学校活性化の秘訣

前福岡県立明善高等学校校長　現福岡県教育庁教育監　**長　俊一**

　私は炭鉱閉山後の産業振興を目指す大牟田市にある大牟田北高等学校に初任の校長として平成24年度から4年間勤務した後、県南地域の拠点市久留米市にある明善高等学校長を務めた。

　大牟田北高等学校では、創立百周年の伝統校ながら、地域の急激な少子化と私学の特色化・魅力化に対応できず、私の着任時の1年生の志願倍率は1学年4クラスの定員を満たせず0.48倍であった。新たな教育理念・目標と手立てを学校内外に明確に打ち出し、これが軌道に乗るように学校改革が求められていた。

　以下では、私が北高で勤務した4年間に職員、生徒、保護者、同窓会が一丸となって全力を尽くした「北高改革」のいくつかのポイントについて紹介したい。自身と学校に課した課題は「新築校舎へ移転するまでの4年間に、志願倍率0.48倍から1.0倍以上を実現すること」であった。結果は1.2倍の志願者を得て、新1年生4クラス160名の定員を満たして新校舎での新たな歴史をスタートさせることができた。当然、改革の4年間というもの、まるで目の前で学園ドラマを見ているかのように生徒、学校が変わった。別の学校になったと言っても過言ではないほどの改革を経験した。

1　私の支え

(1) 私が支えられた活性化・特徴化のイメージ

　東広島市の酒蔵、徒歩10分圏内に七つの酒蔵があってなぜ倒れない？ ファンがいて、ファンを魅了する特徴があるから。特徴＝魅力を極めるに尽きる！　学校の実態に合った学校像、目標を明確にし共有すれば、打つ手がぶれない。他校とは走る線路を変えて特徴を明確にしたことで、入学満足度は97％の数字を見た。まずは「需要と供給」から。まず求められて

いることを供給していく。そこで信頼関係が高まれば「需要を創り出す」ことができる。

(2) **私が支えられた言葉**

① 新しいことに取り組む時は、前例がないわけだから、走りながらでも許される。走りながらでも真剣にやってさえいれば、生徒や保護者に熱意は伝わるはず。新しいものをつくっていこうとする熱意があれば、それだけで学校は大きく変わる。

② 教員みんなの合意を得てからやるというのは無理。毎年毎年繰り返すことで理解も芽生え、自信もついていく。

(3) **私が支えられた"理論"（自作）**

① ジグソーパズル理論‥‥ジグソーパズルのピースの出ている部分が自分の得意な部分。へこんでいる部分が苦手な部分。自分の弱みがあなたの強み。職員がネットのようになって生徒をカバーしていく。

② 縁日理論（ラーメン理論）‥‥学校はブース。お好み焼きがおいしい。たこ焼きがおいしい。こちらは豚骨ラーメンがおいしい、あちらは醤油ラーメンが、というように、地域の複数の県（公）立高校がそれぞれの持ち味を磨いて連携し、面として動く。少子化の時代には複線の上での競争が、しかも、力のあるうちに具体に動くことが求められている。

(4) **私を支えていただいた方々**

私が"北高オールスターズ"と呼んだ先生方によくやっていただいた。「小さな学校だからこそできることがあるはず」「手をかけ、目をかけ、声をかけて」育てよう。必ず「大牟田地区にこんな学校があってよかった」と言っていただけるようになると言い続けた。Small is powerful！。

2　私の動き

(1) **言葉の力**

① 言い続ける‥‥生徒、学校にわずかでもある良いところを捉えて、本気で引き出して言い続けると、学校全体がそうなる。学年、学校の"主たる流れ"を創り出していける。

②キャッチコピー‥‥「見える化」の一つ。力を集中し、目標に向かっていく上で大切。生徒と職員の心と体を動かすもの。
③生徒と行事を言葉でつなぐ‥‥趣旨や評価などを言葉にすることで、行事を"もの"にし、生徒の成長を促すことができる。
④言ったら、そうせざるを得ない仕組みをつくる‥‥言いっ放しはダメ。学年集会で生徒に「こうあってほしい」と訴えたら、生徒がそうせざるをえない手立て、取組を仕組む。
⑤「愚痴」も力に‥‥愚痴こそ課題＝ヒント。愚痴を拾い集め、「課題が見えていて、共有されている状態」でありたい。
⑥"旬"を伝える‥‥式典での式辞をはじめ、生徒、職員への言葉は、「今、これを伝えることは適当ではない」という確かな意図がある場合を除き、「後で言う。取っておく」は禁物。今伝えなければ"旬"を失う。後になると気持ちも萎えて、言葉も勢いを失う。「これは今月ではなく来月の全校集会で伝えよう（取っておこう）」という気持ちになりかけることもあるが、来月は来月の"旬"、伝えたいことが出てくるものである。出てこなければ、生徒、職員に目が行っていないということ。そして、「後で伝えよう」の最大の失敗は異動である。3学期終業式で伝えておかなければ、次年度の1学期始業式は他校に異動して迎える、ということもあるのだ。

(2) **学校の主人公は生徒**

①生徒の問題を自分に返す‥‥生徒のできないことの理由を生徒に求めることで終わらせていれば、職員の指導力は向上せず、教育活動が前に進まない。「家庭学習の習慣がついていないから」ではなく、「家庭学習を定着させるには」という職員の創意工夫が始まった。
②職員室からマイナスの言葉が消えた‥‥すると生徒が職員を信じてくれるようになってきた。「先生があんなにやっているんだから、自分たちもやらねば」という生徒と職員の"共鳴する関係"が少しずつ感じられるようになってきた。生徒の「先生から大切にされている」感が増したのではないか。やはり生徒に助けられる。

(3) 共通理解
① まるで"金太郎飴"のように‥‥学校の特徴、目標、現状等を職員が言えるようになった。もちろん共通理解のために校長として赴任して2年間、2週間に1回程度「校長室通信」を職員あてに作成した。「学年通信」も生徒あてと保護者あてに2種、学年経営のシラバスとして出された。始業式、終業式等の校長式辞も、前日までに教頭、主任・主事に渡すことを今でも続けており、苦しみながらやっている。
② 0から1に動く時が難しい‥‥まずやってみる。合わないものは淘汰されていく、合うものは根づいていくという気持ちで。「そんな小学生みたいなこと」でも、やってみなければわからない。生徒の中の"需要"を敏感に探ることが大切である。

(4) 動く
① トップが動く‥‥トップの言動が注目されている。どう発言し、どう動くか、"本気度"が試されている。誠実に、そして慎重かつ大胆に。信頼関係を築き、現状を変えていく。
②「現場百回」‥‥課題や問題は生徒、職員の中、つまり"現場"にあり、解決の糸口も"現場"にある。故に常に動いてこそ。同じ場所での"定点観測"も必要であろうが、同じ場所にいては同じ風景しか見えない。物事は上から下から横から斜めから見てこそ。
③ 変化を恐れない‥‥学校の良さを変えないために、変えるべきところは変える。「今まではこうやってきた」——だから今の状況がある。学校を取り巻く環境が激変してきた。その中で、学校だけが変わらないでは存続できない。

「守成と創業、いずれが難しいか？」という問いには、すでに中国唐の時代に答えが出ている。だとすれば、常に学校を"創業"の状態にしておけばよいのではないか。新校舎での"新たな創業"を、後任の校長先生に託し、見守りながらも、環境の違う現在勤務する学校に求められるリーダーシップを磨いているところである。

学校経営はおもしろい！
リーダーシップを楽しもう

高知県立山田高等学校校長　**濱田久美子**

1　北極星を探せ

「山田高校の北極星を探せ」が私の第一声であった。

4月の組織職員会。教育方針は前校長が3月末に作成したものを踏襲すると発言したものの、校長、教頭、主任、教職員各々の目指す学校像に微妙なズレが感じられた。また、外から見ていた本校のイメージとは異なる数値データの顕在化、具体的には中途退学者や不登校生徒の増加、国公立大学合格者の急減、入学定員充足率の低下等、課題の多さにも違和感を持った。しかも、学校全体からの危機感は感じられず、従来通りの毎年が繰り返されていた。だから「今こそチャンス」と捉え、改めて本校の目指すべき方向「北極星」を明らかにしていくことの必要性を訴えたのだった。

1年目は課題を共有し目指すべき学校像の確認。2年目に中期目標を定め、3年目には目標数値を示した。現在は、教育方針に校訓、基本方針、中期目標、前年度の成果と課題、本年度の重点目標、県指定事業等一覧を明記。また教職員には、運営上の判断指針等、取組姿勢を明示し組織づくりを促している。

2　仕掛けはトップダウン

校長になったとき、自身のリーダーシップを意識した。

リーダーシップ研究の第一人者であるウォレン・ベニスは「リーダーは正しいことをする」と説き、リーダーのスキルを四つ、①人を引きつけるビジョンを描く、②あらゆる方法で「意味」を伝える、③「ポジショニング」で信頼を勝ち取る、④自己を創造的に活かす、と説いている。

私はこれらのことを信条とし、マネジメントを行ってきた。まず、校長室を開き、教職員や生徒が気軽に出入りできるようにした。そうして私の

人間性を理解してもらえるよう努めた。次に、私の思いを伝え語り、チームで北極星を探す意義をあらゆる場面で説いた。最後に、成果を出すための仕掛けをしつつ、できる限りの積極的投資を行ってきた。

　私の戦略は外から見ればトップダウン型に思われがちだが、学校組織はボトムアップ型でなければ動かないし、教職員の納得が得られないと進めない。学校はあくまでも団体戦を好む、根っからのチーム意識が強い組織だと思う。ただし、仕掛けはトップダウンでできる。したがって、管理職は常にアンテナを高く張り、様々な情報を積極的に得ようとする姿勢が重要である。私の経験から言えば、学校に必要な新情報は外にあることが多く、それも異業種から得られることが多い。だから、地域の賀詞交換会に出席して懇親するし、民間企業との研修会にも参加する。併せて、マスコミを徹底的に活用する。記者には取材意義や趣旨、特に新規性や広報性の高さを直接伝え、本校の取組を発信し続けている。

3　まず、やってみる

　学校は年間計画に基づいて進められる。したがって、途中で新しいことが入ってくることに抵抗感も強く、それが良いことであっても柔軟に取り組む態勢が弱い。しかし今日のように、意思決定に速さが求められる時代にあっては、「研究してみてから」ではチャンスが逃げていく。

　そこで、学校教育活動を不易と流行に分け、新しいことに対しては「まずやってみる。やりながら考える。違っていれば止める。効果があれば次年度に事業化する」といったやり方で戦略的経営を展開してきた。例えば、長期休業中における進学合宿の開催、小中高大生による理科クラブの立上げ、有名デザイナーとのコラボ、学校地域協働本部事業を活用した土曜英語塾、インターネット学習教材を活用した学力向上対策等。生徒に対しても同様で、ボランティアや防災活動の新組織の結成等「やりたい」「やろう」「やればできる」といった雰囲気が醸成されつつある。

　校長は教職員や生徒が「やりたい」と考えていることを積極的に支援する。失敗を恐れず、まずやらせてみる。「やってみよう」という挑戦心が

学校を元気にする原点である。

4 地域リソースを巻き込む

本校の教育活動には様々な外部人材が関わっている。特に、地元工科大学生の支援活動は抜きん出ている。

まず、赴任し直ちに高大連携教育担当者会を立ち上げた。大学の代表者や管理職、学年主任、研修企画部長等で月1～2回協議を実施。協議開始1月後には「高知工科大生研究室」を設置し、大学生による支援活動を開始。学習支援、進路相談、情報関連の技術指導、課題探究学習のメンター、部活動支援、土曜英語塾の指導、防災活動への支援等々、現在では年間延べ60名を超える大学生が様々な取組に関わっている。併せて、生徒を積極的に地域に出し「地域で育てる教育」を進めている。なかでも地域課題探究学習では、1年次前半は地元企業CM制作、後半は周辺三市長への提言、2年次では県政課題について解決策を探究し、県知事や県庁幹部職員に提案。これらには、地元企業25社以上、三市役所職員、地域起こし協力隊、大学ゼミ、県庁職員等大勢の大人が協力し、まさに産官学民一体となった教育活動が展開されている。加えて、地域イベントの運営スタッフに生徒の参画、地元幼稚園や小学校、高齢者や障がい者福祉施設でのボランティア活動等、生徒会を中心とした企画は年40件超、参加生徒は延べ600名を超え、「地域になくてはならない高校」との評価が得られるようになった。おかげで校長室は千客万来で、本校の在り方が地域人材の育成の場として認知されてきたようだ。

地方創生の時代にあっては、地域の高校も変化せざるを得ない。県立高校であろうとも、地元市町村の思いを共有できずして学校経営は成り立たない。校長に外の力を巻き込む度量さえあれば、必ずや、新しい学校づくりは実現できる。

5 学校経営を楽しむ

「特色のないのが特色」

赴任当時、何度となく聞かされた本校への評価。しかし、この４年間、本校の強みを際立たせ磨き上げることで、特色ある学校に様変わりした。郡部のごく普通の高校が、地域性を発信することで優位なる現象が起こっている。これまでのような大学進学率の高さや部活動の強さだけでは特色になりにくい時代に突入しているのかもしれない。

　学校経営は校長の人間力や胆力が試されるが、ゆるぎない教育への情熱と学ぶ姿勢があれば大丈夫だ。校長は「学校を元気にする」ことが仕事だ。やりがいがある。

第3章

全員参加で、活力ある学校をつくる

生徒・保護者・教職員・地域とともに

教職員の協働体制づくりと地域との連携

北海道旭川東高等学校校長　岡田　聡

　北海道の公立高校で校長として4校で9年間勤務し、定年退職まで残り1年となった。恥ずかしながら特筆すべき実績や成果も見当たらないし、これといった校長としての哲学や座右の銘も持ち合わせないままここに至る。ただ、赴任した学校の教職員とともに考え、工夫し、当たり前のことを当たり前にやろうとしてきた。存在する課題を、可能な限りそれを先延ばしにせず、短い在職期間において解決を図り、教職員のモチベーションを高めることが使命と心得てきた。

　他者の参考になるかどうかは甚だ疑問だが、後述する校長だよりを見返しながら、これまで意識してきたことを述べてみたい。

1　質の高い目標の作成と学校評価との一体化

　校長は、当然、自校の「学校教育目標」を踏まえて学校経営をするべきである。「目指す生徒像」や「教育課程編成の方針」も意識しなければならない。さらに、北海道では多くの学校の校長が「学校経営シラバス」と呼ばれる領域ごとの目標、目標達成のための具体的方策・評価の観点が記された1年間の学校経営の計画表を作成し、新年度が始まる前にそれを示している。それにもかかわらず、教職員と面談を行うと、「目指す学校像や生徒像がはっきりしない」「ビジョンや課題が共有されていない」「学校課題の多くが認識されていない」と捉えている者がどこの学校でも少なくない。

　学校としてのパフォーマンスを最大限に発揮するには、教職員の「協働体制」が不可欠であり、そのために質の高い「目標」を設定し「共有」することを重点的に意識してきた。一方で、学校評価も組織的・継続的な改善や教育の質保証や向上になかなか結び付かず、学校によっては「評価の

ための評価」に留まってはいないだろうか。そうであれば、学校評価に係る膨大な作業はまったく無駄なものとなる。

　目標の策定に当たっては、校長や管理職のみで行うのではなく、各分掌部長とともに昨年の反省に立って行う、目標と評価の項目を一致させる、曖昧な永遠の目標ではなく、課題解決のため「今年は何をするか」を明確にする、「何をもって達成とみなすか」の根拠を明確にすることなどは、特に強調してきた。良い学校にしたい、機能的で課題をしっかり解決できる組織でありたいと考えている教職員が大半である。校長にはその思いに応える義務があり、それが次の管理職候補を育てる何よりの条件であると思っている。

2　地域にじっくり浸かる

　「ここ数年、高校がずいぶん身近に感じるようになりました」。転勤する際に町の人たちが催してくれた送別会で町の教育長さんが贈ってくれた何よりの褒め言葉だ。北海道では、一つの町に高校が一つだけという町が数多くある。設置者が違うことから、一般に道立高校と町村教育委員会の距離は、小中学校とのそれを比べて遠い。入学してくる生徒が小中学校でどのような指導を受けてきたのか、地域や保護者の高校への期待は何なのかを把握して教育活動に生かすことはきわめて重要なことである。努めて町の理事者や小中学校長と時間を共有して意見交換し、自校の魅力や教育への思いを伝えることを重視してきた。

　また、異動範囲が広域にわたる北海道では、「公宅」と呼ばれる教員住宅が設けられている。校長公宅は当然「高校の校長の家」として地域の人たちに認識されていて、積極的に町内会活動に参加することも大切にした。春の総会や新年会では、高校生の活躍や学校の活動も話題になって、時には耳の痛い話も聞くことになるが、立派に育てたい、一緒に育てたいという思いを伝え、強力な応援団とすることに努めた。

　地域とともに生徒を育てなければならない。地方の小さな学校においても、都市部の大きな学校においても、そのことに変わりはない。そのため

には、学校がどう地域に貢献するのかという視点を忘れずに学校運営を行うことである。

3　校長だより（不定期便）

　校長であるにもかかわらず、口下手で、大勢の前で適切な言葉を瞬時に使いこなすことが不得手である。他人から見るとそうでもないようだが、苦手意識は校長9年目にしても解消できなかった。だからというわけではなかったが、仕えた校長に倣って始めた「校長だより（不定期便）」は今日までで93枚になった。教育委員会からの指示・伝達事項や教育の動向、地域の人たちと接して得た情報、学校経営において課題と考えていることなど、予防線を張って不定期便とはしたが、定例の職員会議で発行することが多く定期便に近いものとなっている。

　校長として直接職員に対して語りかける場面も当然必要であり、重要な場面では努めてそうしてきたが、校長とはいえ、教職員の時間を際限なく奪うわけにもいかない。振り返れば、はからずも、校長の指定席として、経営方針や考え方を日常的に伝える手段として機能してきたのだと思う。

4　校長の学校運営に対する評価

　生徒による授業評価、保護者や地域による学校評価は一般化し、教育活動の改善材料となってきた。さて、教職員による「校長の学校運営に対する評価」というのはどうだろうか。ここ数年、それを実施している。

　校長の講話は生徒に受け入れられているだろうか、教職員に語りかけていることは的外れになっていないだろうか、配慮のない言動で誤解を招いていないだろうか、自らは校長として責任を果たしているのだろうか、など。もちろん、能力の限りを尽くして職務に専念し、努力をしているつもりだが、校長として他の人たちに貢献できているのかをチェックし、改善すべきを改善する必要もあると考えてきた。

　項目は、自らの教育理念や学校運営の考え方を明らかにしているか、学校運営に校長のリーダーシップが発揮されているか、学校運営に教職員の

意見は反映されているか、校長との面談は意欲・資質能力の向上に資する適切な指導の場となっているか、などで、回答について、そう思う理由についても記載を求めた。「回答の内容によって不利に扱うことはない。気遣いも無用」と注意書きも設けたが、おそらく「大人の対応をした」者も多かっただろう（笑）。それでも、率直に思うところを述べ、適切に評価をしてくれる教職員がほとんどで、学校運営に参画しよう、課題を解決しようという意思が強く感じられて、逆に校長のモチベーションを上げてもらったようなものかもしれない。

　学校の改善は、校長や管理職だけでやるものではない。たとえ、やったとしても、自分が異動した後にもとに戻ってしまっていては時間の無駄。逆に教職員に迎合したり、良く思われるよう舵取りをすることにも全く意味がない。

　教職員とともに、どう課題を共有し、改善のサイクルを回していくか、そして、それが学校の文化として確立されていくことが何より重要だと考えている。

「おらほ」の学校を目指して

元青森県立青森北高等学校校長　現青森明の星中学・高等学校校長　**笹木正信**

1　学校経営で重視したこと

(1) おらほの学校

「おらほ」とは、青森県の方言である津軽弁で、親近感や愛着を込めて言う時に通常使う「自分たち」という意味です。私が、県立学校長時代に最も重視したことは、「おらほの学校」です。

都市部や郡部にかかわらず、地域の方々は県立ということだけで距離感を抱き、敷居が高いというイメージを持ってしまいます。県立学校と言えども、地域に支えられなければ孤立してしまいます。そのため、地域に目を向け、地域に軸足を置きながら、地域とともに歩む学校というイメージづくりに努めました。学社連携のためにも、校長はこまめに地域の行事や会合に顔を出し、地域の方々とコミュニケーションを密にすることが肝要です。また、生徒たちにも地域の行事を参加させることが大切です。

さらに、学校行事の開催に当たっては、進んで地域の関係機関・団体等に案内状を差し上げることも忘れてはなりません。他に、学校評議員や学校医、学校歯科医及び学校薬剤師の皆さんなどもです。決して、忙しいから来ないだろうなどと思わずに、案内状は毎回必ず出しましょう。

(2) 保護者は、学校の良きパートナー

地域とともに重視したのは保護者です。私は、入学式の式辞やPTA総会、あるいは学年集会等の際に必ず言う言葉があります。それは、「保護者は学校の良きパートナーである」という言葉です。つまり、車に例えるならば、ハンドルを右に切った際、前輪の右車輪（学校）と同時に前輪の左車輪（保護者）も右を向かなければ、上手く曲がれないのと同じように、教育方針や校則等をよく理解しながら、常に学校と歩調を合わせるよう協力してもらうことが大切です。

また、戦後60年間全く改正されなかった教育基本法が、今からおよそ10年前、見直しが図られた際、新たに「家庭教育」が付加されたことから、親権者としての義務や責任を再確認してもらいながら、積極的に協力を求めることにしています。

2　危機管理対策

「昨日と同じ現場はない」。この言葉はどこかで聞いたことのあるフレーズですが、工事現場や作業現場に限らず、学校も全て教育を行う「現場」です。児童・生徒が集団で長時間過ごす学校現場は、限りなく安全・安心が担保されなければなりません。昨日安全だったからといって、今日も安全だという保証はどこにもないのですから、日常の安全点検はもとより、月一回の定期安全点検をはじめ、地震、台風、豪雨、強風等の際には、臨時の安全点検を怠ってはなりません。また、点検は、単に目視による点検で済ませず、施設や設備については負荷や振動をかけたり、打音を聞きながら異常の有無を確認するなどの注意が必要です。

施設・設備の安全管理を中心に述べましたが、安全管理だけをやっていても事故は防げません。もう一方の安全教育の充実も忘れてはなりません。校長は、学校経営の責任者として、安全教育（安全指導及び安全学習）の充実が図られるよう、強いリーダーシップを発揮する必要があります。

なお、安全管理の徹底を図るためには、常に最悪の事態を想定することが肝要で、これが安全（危機）管理の原則と言われています。

我が国では、昔から自らの生命、財産等に投資する習慣がなかったと言っても過言ではありません。これまでは、世界各地で勃発する内戦や民族闘争などは対岸の火事を見る思いで受け止めてきた嫌いがありますが、IS武装集団による同時多発テロや朝鮮半島の緊張が深刻さを増している昨今、想定外の事態が発生した時に被害を最小限に抑え、そして、子どもたちの生命を守るため、学校として何ができるのかを日頃から真剣に議論しておくことが必要です。

3　教職員・生徒に対して
(1) 教職員に対して

　全国的に少子化が進行し、深刻な社会問題となっている中、学校関係者が「大変だ。大変だ」と嘆くばかりでは今の窮状は何も変わりません。「タイヘン」とは、大きく変わるチャンスの意味と捉え、学校の特性を再確認させながら、生徒募集に係る広報戦略の見直しを図るとともに、学校の生命線とも言える生徒の人格の陶冶と学力向上に力を入れました。そこで、特に先生方にお願いしてきたことは「わかる授業」の徹底です。

　授業がわかれば、授業が面白い。その内、もっと知りたいと授業に意欲的になる。そして、テストで今までにない高得点を取れるようになれば、自信が抱いてきます。そうなれば生徒指導上の問題も減るなど、多方面にわたる相乗効果が期待できます。授業そっちのけで中学校まわりばかりするよりも、今在籍している生徒に対して手厚く指導することによって、生徒の学力を伸ばすことの方がはるかに大切です。

(2) 生徒に対して

　「偽り」とは、「人の為」と書きます。勉強は人の為にやるものではありません。あくまでも自らの夢に向かい自分の為にやるものです。私は、生徒たちに"努力に勝る天才なし"ということを繰り返し訴え続けてきました。まさに、「終わりを慎むこと初めの如くなれば敗るることなし」です。なお、努力を続けるためには勇気が必要です。ここで言う勇気とは、くじけそうな時や怠け心、あるいは誘惑などを断ち切る勇気です。

　私が、校長として常に心掛けていることは、部下教職員に対するコンプライアンス（規律遵守）とガバナンス（組織統治）の徹底です。学校教職員一人一人が、公教育を担う者、あるいは学校職員としての自覚と誇りを持ちながら、自ら綱紀粛正を念頭に責任ある行動が取れれば、コンプライアンスは心配ありません。

　また、ホウ（報告）、レン（連絡）、ソウ（相談）の徹底が重要です。このことが適正に行われている以上、ガバナンスに問題はないでしょう。

第3章　全員参加で、活力ある学校をつくる──生徒・保護者・教職員・地域とともに

看護教員確保から看護科普通教諭への育成の使命を胸に

元新潟県立新潟北高等学校校長　前新潟県・加茂暁星高等学校校長　**飯沼和男**

1　はじめに

　私は昭和48（1973）年に新潟県公立高等学校教員の理科（物理）の教員として採用され、諸般の状況から数学科にかわり県内の数ヶ校に勤務した。平成10（1998）年に教頭に昇任し、夜間定時制高校の閉科を担当、県教育庁高等学校教育課及び新潟市教委学校指導課の管理主事を経て、市立沼垂高校長に採用され、沼垂高校を市立万代高校に改組後に体調を崩して入院加療に専念した。退院後の自宅療養中に市立高志高校の市立高志中等教育学校へ改組することを篠田昭新潟市長に提案し、採用されて実現した。市立3高校のコンセプトは「普通科総合選択制の万代高校、中高一貫校の高志中等教育学校、定時制単位制の明鏡高校」とした。その後に県立高校2校に勤務、最後の県立新潟北高校長を拝命、充て職で「新潟県高等学校野球連盟会長」として、理事長（現専務理事）を全国初で教頭職にすることが実現できた。

　平成21（2009）年の定年退職直後に加茂暁星高等学校長を拝命し、9年間の私立高校長を務めることになった。条例主義の公立高校から労働基準法下の私立高校での差異等を知らず、夜に大学の「社会保険労務士講座」等に通い、思考の転換を図った。それは、法人が組合から「加茂暁星高校非常勤講師訴訟」を受け、1審で敗訴、東京高裁へ控訴し、それを担当するためである。私には初体験で戸惑いもあったが、法人の「逆転全面勝訴（最高裁上告棄却・東京高裁判決確定）」に導き、貢献できた。この訴訟間の校内の混乱には苦慮したが、教育や教職員の意識等の改革に懸命に取組んだ。この時、平成25（2013）年の全生徒数が428名。平成4（1994）年に全生徒数が1711名のピークで、そこから減少を続けたが、ようやく底を打った。

その背景にあるのは、文科省へ「看護科・看護専攻科」の募集定員を倍増の80名とするよう申請し、平成25年12月に認可をいただき、平成26 (2014) 年から生徒募集を普通科1学級減、看護科1学級増の普通科4学級・看護科2学級計6学級としたため、生徒数もそこから増加に転じた。平成30 (2018) 年には全生徒数607名まで回復した。9年間に様々な手立てを講じて校内の組織を立て直し、教職員の意識改革や人材育成のため、文科省等の教員研修等に参加させ、校内研修を定期的に開催し、平成23 (2011) 年度から「新潟県魅力ある私立高校づくり支援事業～国際人材の育成～」に応募・採用され、現在も取り組み、成果を上げている。

2　看護科・看護専攻科（看護師養成5年一貫教育）に携わって

　平成29 (2017) 年夏に新潟市「朱鷺メッセ」国際会議場等を会場に「第48回全国看護高等学校研究協議大会」を、県内で唯一の看護科・看護専攻科を設置する本校が主管し開催されたが、その管理部会でも看護科の教員確保の問題が協議された。高等学校（看護科）教諭普通免許状を持つ教員は稀少である。看護大学等で教職単位を取得、例えば弘前大学医学部保健学科看護専攻にある5名の高校看護科教諭養成コース等で高校（看護科）教諭普通免許状を取得している方はいないと考えてよい。また、看護大学に高校看護科教諭になる目的で入学をめざす学生は稀少である。

　看護高等学校の教員の大半が「助教諭（臨時）免許」等で教壇に立つ。教諭の方は看護大学等の出身者で、放送大学等の教職単位を取得し、その免許を取得している。それは、新潟県には高校（看護科）教諭普通免許の取得可能施設が全くない等の理由による。

　そこで、看護科の教員は、看護師免許を取得し、臨床経験6年以上でかつ校長の人物証明で「助教諭（臨時）免許」を都道府県教委から交付されている。よって、看護科教員は看護の臨床現場から教育現場に入り、教壇に立つが、高校の教育現場の状況に戸惑いを感じる。まず、授業準備をして教壇に立つこと、「いじめ」や「不登校」等の困難な課題に対処する生徒指導、クラス経営、校務分掌及び部活指導、加えて保護者や他の教員等

との対応等、仕事が多岐にわたることを考えると理解できる。特に、入学者全員を卒業・修了させ、看護師国家試験に合格させるまでプレッシャーの中で指導が続く。教員になって3年程度で退職する方が多く、常に教員不足で、募集するが応募者が皆無に近い。地方での教員確保の難しい傾向が強く、困惑している。

　近隣の総合病院の院長先生から「看護師を数多く養成してほしい」とお話をいただき、教員不足で困難があると説明したら、看護専門学校なら県福祉保健部等が開催する10ヶ月の看護教員養成講座を修了すれば教員になれるから、看護専門学校を設置し、看護師を養成するという。少子化の中、私立高校にとって生徒確保の確実な一翼を看護科・看護専攻科が担うことから、対応策を考えて適切に対応したいとご理解をお願いした。

3　高等学校看護科・看護専攻科で育つ生徒たち

　女子の生徒で将来就きたい仕事として、常に5本の指に数えられる看護師は誰しも一度は考える。難解な医学医療用語を駆使し、発展進歩を続ける医学・医療、医療機器を使う看護の現場で、患者さんやその家族に寄り添う看護師は苦労も多いが感謝され、「やりがい」のある仕事であるが、ミスが許されない命をあずかる仕事である。ナイチンゲールに象徴されるように「献身」で心身共に捧げる看護職をめざす学びは、多感な発達段階である後期中等教育において、心の教育としても大いに特色があり、人間形成に多大な影響を与える。そして、臨地実習の看護の現場で周囲に気を遣い、適確な言葉で患者さんやその家族に寄り添う姿勢を身につける生徒の素晴らしさは語り尽くせない。

　しかし、全国の看護高等学校の卒業率は80％強である。本校はこれに達していない。これほど看護師不足が続き、看護師をめざす生徒が存在するにもかかわらず、卒業率が低いのは高校看護科教諭の育成に課題があることが大きな一因である。早急に対処するには、全国の6国立大学教育学部に「養護教諭特別別科」があるが、これと同様に「高等学校（看護科）教諭特別別科」を制度化すべきである。臨床経験を積まれた方が1年間で

「高等学校(看護科)教諭普通免許状」を取得する学びで、現在の困難の多い教育現場に「献身を通して心身共に捧げる学び」を指導することは、多感な後期中等教育に心の教育での人間形成にとって教育的価値が多大であると考えている。

4　おわりに

　私は、高等学校看護科・看護専攻科の教育が多感な後期中等教育に心の教育、人間形成にとって素晴らしい価値をもたらすと確信するが、課題も多いのも事実である。この課題を克服し、さらなる高等学校看護科教育の充実発展を期待する。

第3章 全員参加で、活力ある学校をつくる――生徒・保護者・教職員・地域とともに

個に寄り添い、一人ひとりの目標実現を支援する

鳥取県・鳥取城北高等学校校長 **石浦外喜義**

1 相撲部の監督として

　国体選手として鳥取に来て3年目の昭和61年、鳥取城北高校で相撲部の監督となった。土俵もなく部員は1年生4人だけという環境だったが、就任3年目にしてインターハイで団体3位になることができた。

　選手の募集では成績を残した子よりも気概のある子に声をかけた。親に安心して子供を預けてもらえるような部にすることを一番大事にした。その基本は常に温かいご飯を皆で家族のように食べることだ。これをきちっと毎日やっていく。体を大きくしなければならない相撲では食事が重要。行儀も小さなことでも見逃さずしつけをしてきた。子供が卒業するとき、ある母親が「産んだのは私だが、一番あの子の性格を知っているのは先生だ」と言ってくれた時はうれしかった。

　子供達と寝食を共にしながらの3年間の積み重ねだが、こんな生活はもういいやと思うようになったら教員を辞めるという覚悟でやってきた。

2 モンゴルの子供に学ぶ家族の絆

　モンゴルの子たちから学ぶことは多い。水汲み役を担っていた現在幕内力士の逸ノ城は、自分が日本に行って父親に負担をかけるのをとても気にしていた。それで逸ノ城の幼い弟は代わりに自分が水汲みをするから心配しないでと切り出した。

　モンゴルの家族は、祖父母を神様のように敬い、両親は懸命に働き、子供も家庭内の仕事を分担する。そのため家族は今の日本では考えられないほど強固な愛情と尊敬でつながっている。逸ノ城が日本の生活で弱気になったときモンゴルで応援している家族のことを思い出させた。もう一歩追い込むために子供達にいつ、どのように働きかけるべきか指導者としては

常に考えていなければならない。

3　親の気遣いと子供の成長

　相撲部で上手にご飯を炊けるようになった子がいた。ご飯炊きは相撲部にとって重要な役割だ。実家に帰ったとき自分のご飯炊きの腕前を親に披露しようとしたその子を母親は気遣って休ませようとした。その子にとっては自分の成長を見せる機会を奪われたことになり、ご飯炊きの意義に懐疑的になった。さらに相撲を続ける気力も失ってしまった。親は普段しんどい思いをしている子供のために良かれと思ったのだが、子供の意欲を削ぐことになってしまった。大人の側に子供の発信を受け入れるだけの寛容さが必要な瞬間があるのではないか。

4　嘘のない稽古

　相撲のレベルが上がってくると目先の結果にこだわってごまかしの取り組みをするようになる。しかし部員には、負けてもいいんだ、自分の弱さ、稽古の足りなさに向き合って、監督が見ているからではなく自分のために稽古しろ、と言ってきた。

　日本の子が相撲で行き詰まって親のことを持ち出すのは言い訳するときだ。モンゴルの子は親を幸せにするために日本に来たという思いが強いので親を言い訳の道具には絶対しない。そんなモンゴルの子の姿に接するようになって日本の子も言い訳を言わなくなってきた。やらされている稽古をしていた時はよく怪我をしたが、今はほとんど怪我をしなくなった。

5　生徒とのふれあいを大切に

　朝、遅刻した生徒を校長室に招き入れている。その子と雑談しながら遅刻の原因は何か、遅刻したことをどう思っているのかなど聞いている。生徒が進路変更をすることになったときには、親から「ここまでしていただいてありがとうございました」と言ってもらえるほどの手厚い対応を職員全員でするよう心掛けている。個に寄り添い、そのとき指導可能なことに

全力で取り組み、生徒一人ひとりの目標を実現させる学校にしたい。

6 建設中の新校舎への思い

職員の提案で、生徒が先生をすぐ探せるように職員室の窓ガラスを透明にした。外気より教室内の空気の方が清浄という学校では日本初の空調設備を導入した。5階建でマスクのいらない校舎だ。一方グラウンドは開放的な設計にして最高の材質の人工芝を貼るなど、50年後を考えどこにも負けない設備にした。

吉野家の牛丼、大阪で評判のラーメン、地元ベニヤのカレー、冷凍ものでない定食などのメニューで子供達に喜んでもらえる食堂にした。心を豊かにし元気を出すには食べものが大事だ、という考えは相撲指導で培ったものだ。

7 危機管理と職員への接し方

学校で生じるトラブルには生徒を守ることを第一として、すべて隠さず対応し、外部からのお叱りにはしっかり受け止めている。一人の人間にトラブルの責任を押し付けるのではなく、皆で反省して次にどうしていくかを考える。誰かを悪者にして済ませるだけでは次にまた同じことが起きるからだ。

先生方には、校長が責任を取るので失敗を恐れないで思い切りやってほしい、と言っている。進学指導ではチームとしての体制を作り組織的に取り組むように促している。進学指導力のある教員に学び、志学コースの担任をさせてくれと名乗り出るような意欲がある若い教員が出てくることを期待したい。

8 私学としての募集活動

本校は私学なので生徒数減、教室空きといった状況は絶対避けなければならない。全職員とともにこの学校をどう伸ばしていくか、どう生徒を募集するか常に頭が痛くなるほど考えている。いい生徒を引っ張ってくるに

は卒業時に後悔させないように出口をしっかりしておくことだ。夜中でも話を聴かしてくれと言われたら学校経営者として出向きたい。全職員の生活がかかっているからだ。

　城北に行ったら伸ばしてくれる、中学時代にはつまずいたが何とかしてくれる学校だ、といった期待に応えられるようなスペシャリスト教員がいれば募集は強くなる。生徒募集ではピンチとチャンスは常に表裏一体のものだ。厳しい子でも伸ばしたら学校への大きな信頼が得られ、逆にいい子だからと油断していると一気に信頼を失うことにもなる。スポーツや勉強でいい生徒が来たときどう育て上げるかが募集のカギと言える。

何でもできる校長ではないが、何もできない校長ではない

青森県立八戸商業高等学校校長　荒川由美子

　教頭時代、他の教頭から「荒川先生は女性枠で校長になるよ」と言われ苦笑したことがある。確かに、私が校長になったのは女性管理職を増やしたいという時代の波があったからこそだと思う。そのような私が立派な校長論を論じることはできないが、同じような悩みを持つ先生方に少しでも参考になればという思いで綴ってみる。

1　自信と謙虚さのバランス

　校長になって間もない頃、問題行動を起こした生徒の指導方法を決める職員会議で生徒指導部長がこう言った。

　「校長先生よりも教頭先生から注意をしてもらった方が効き目があると思うので、教頭からの注意を提案します」

　今の私なら笑って済ませるところだが、その時は「校長をなんだと思っているのだ」と腹が立ち、そう言われる自分が情けなかった。しかし翌日、思い直した。

　「自分は確かに未熟なのだ。だからこそ自信と謙虚さを持って校長の役割をしっかりと演じよう。今は無理でも信頼される校長を目指そう」

　その後も自信を失いかけることは何度もある。その都度「私は何でもできる校長ではないが、何もできない校長ではない」と自分を励まし、管理職を目指した原点である「批判するより、批判されてもいいから責任ある仕事がしたい」に立ち返っている。

2　ぼんやり見る

　女性管理職は細かくなりがちなので気をつけている。大学教授の田坂広志氏が著書の中で「魚を解剖して腑分けして理解した結果、魚の命は失わ

れてしまう」と例えているように、細かく個別に分析して満足しているだけでは大切な何かを見失う。ぼんやり見てふっと感じる違和感から課題を発見し、学校の魅力全体を感じ取って高めることを心がけている。

3　「地域とともにある学校」を目指し、自ら地域に飛び込む

　地方創生は重要課題であり、まず校長自身が地域のことを知らなければならない。リュックを背負って街をふらりと歩き、小さな商店で買い物をしたり食堂でラーメンを食べることから始めた。マラソン大会や新年会などの地域のイベントにも極力参加している。地域の魅力や地域が高校に期待することを感じ取って教育活動に取り込み、地域の方には明るく学校の魅力を語るようにしている。地域とのつながりを大切にしていると少しずつ応援者が増え、それは微力な私にとって大きな支えとなっている。

4　改革は、意識の共有とつながりを基盤に

　校長1年目の百石高校は、人口2.4万人のおいらせ町にある普通科と食物調理科を持つ、町唯一の高校だった。定員割れを起こしたことで改革に取り組もうと決意し、管理職以外の教職員でフリートーク職員会議を開き、学校の強み・弱みを洗い出して新キャッチフレーズを作った。全員で危機感を共有して話し合った結果だからこそ浸透し、明確な指針となった。

　町の協力が得られたことも大きい。連携を深めていく中で次第に、町が「高校生を活用する」から「高校生を応援する」という意識に変わってくれた。そして、ついにはたくさんのつながりが結集し、高校、町、地元企業の連携による「高校生レストラン」を開店することができた。初日、9:30の整理券配布時には60人以上の列ができ、先頭の方は「私が呼び水になればと7:30から並びました」と話してくれた。「レストランは生徒の研修の場、町や民間は高校生の応援団」という理念が共有され、たくさんの方に応援されながら生徒は成長している。結果として町の活性化にもつながっている。

5　これからの教育への思い

　教諭時代は普通高校にだけ勤務していたが、教頭として定時制高校に、校長としては百石高校後、八戸商業高校に勤務している。定時制高校の生徒からは違いを認める優しさを、食物調理科や商業高校の生徒からは、たくましさを感じる。商業高校の課題研究の授業では、生徒たちが協力してテーマ設定、仮説、検証、プレゼンを見事に行う。自分たちでアポを取って地域の方と会い、商品やアプリの開発に生き生きと取り組んでいる。

　これからの日本の教育を語るとき、普通高校にだけ焦点を当てるのではなく、多様な高校の実態や魅力をもっと知ってほしい。グローバル化への対応も大事だが、多くの親の「平凡でもいいから幸せになってほしい」という素朴な願いに応えるような教育を忘れないでほしいと願う。

大学を休学して悩んでいる教え子へ宛てて書いた手紙（私の思いの紹介として）

　時代が変わったことを実感しています。「ストレートにいい大学を出て一生同じ仕事で働く」という人は少ないし、それだけを望む必要はないと思うのです。昔は高校卒業時が「人生を決める分岐点」みたいに思っていたけれど、とんでもない。人生は常に選択肢だらけ。一生、「あせらず、あわてず、あきらめずに」迷いながら、学びながら人生を進んでいくのだと思っています。

　最近「正直」って大事だな、と改めて思っています。校長になると、かっこつけたり、悪いことは隠したくなりますが、それではだめですよね。失敗したら正直に話して謝る、分からないことは分からないと言う、辛いときは辛いと言う、そういう正直さが信頼につながり、自分も苦しくならないと思います。周りの校長先生でも、良いことしか言わない先生より、「うまくいかなくて、へこみました」と言う先生の方が共感できます（笑）。そういうふうに正直に生きていると、困ったときは、だれかが助けてくれると思います。

　100歳まで生きる時代です。ゆっくり幸せになってね。

学校改革を実現するデザインのチカラ

前長野県上伊那農業高等学校校長　現伊那北高等学校同窓会事務局長　**岩崎　靖**

1　〈上農で、わたしと伊那谷をデザインする〉

　2017年11月、『長野県上伊那農業高等学校 学校案内2018』が刊行された。2年がかりで準備してきた学校改革が、わかりやすい形で姿を現した瞬間だった。それに先だって、年度当初からスマートフォンにも対応するようリニューアルしたWEBサイトを運用したり、5月から月2回のペースで瓦版『こんにちは。上農です！』を近隣の皆さんに配布したりして、学校の様々な出来事を報告する体制が整備されてきた。2017年度に新校長へ引き継いだ学校改革の歩みは、このように着実に前進している。いよいよ2018年4月、新学科がスタートする。

　学科改変に至った経緯について、瓦版に教務主任がこんな記事を載せている。「もう2年も前のこと、上農職員は『これから複雑で、不確実で、変化の激しい世の中がやってくる。それに対応するには、これまでのように農業技術の獲得だけに重点を置いた学習では足りない』と考え始めました。そこで職員の学習会を繰り返し、教科書に書かれたことはこれからも一層大事になるチカラ、これから必要となるチカラは、これに加えて、仲間と話し合うチカラ、みんなで分析して問題を決め出し、解決策を考えるチカラ、問題を解決するために行動するチカラであると考えました。この四つのチカラを上農で責任を持って育むために学科を組みなおします。これから県内の多くの学校で学科の組みかえを含めた『学びの改革』が行われるに違いありません。上農は長野県で一番早く、これからの世の中を予測し、多くの方を交えてみんなで考え、行動に移しました」。

　この文章から、職員が自分事として改革の必要性を感じ、積極的にこの動きに参画してきた様子をご想像いただけるだろうか。このとき私が留意したことは二つ。一つ目は、目的地を明確に示して皆でそのイメージを共

有し、いつまでに何をなすべきかという行程表を示すこと。二つ目は、論議を先頭で切り開いていくのではなく、論議を見守り「しんがり」となって全体を支えること。管理職に問われるのは、その動きをマネジメントするチカラであろう。

　上農に赴任した夏、上農の将来像を語り合う有志の集団「Ｊプロジェクト」を立ち上げることを提案した。職員は、年度途中で多くの仕事を抱えているので、あくまで希望者を募った。その指に、５人の若手職員が応募してくれた。２年目、その組織を発展解消して、正式な委員会として責任と権限を与えて本格的に検討をスタート。ここでも希望者を募った。忙しい中、委員は全国の情報を集め、他県の学校を訪問して教えを請うた。そうして、新しい学校のしくみが提案された。

　時代が必要とする農業教育の分野を拾い出し、８つのコースに再編。くくり募集で入学した生徒を均等に４クラスに編成して３年間の学級「生活の集団」とし、普通教科はその集団で学ぶ。１年の１・２学期に全８コースをローテーションして学んでから専攻するコースを決め、「学びの集団」を作り、２年生からの専門教育に進む。コース単位で授業を展開し、卒業時にコースに応じた学科名がつけられるので、１学科を40名に固定する必要はなく、コースの人数には幅を持たせることができる。

　少子化が急速に進むなか、どの高校でも学級減に直面するだろう。専門高校に多い１学科１学級の体制だと、１クラスが減った場合、その専門領域の学びがゴソッと抜け落ちていくことになる。しかし、コースを主体としたしくみを作っておけば、募集定員が減少しても、学びの多様性は維持できる。「戦略的に縮むしかけ」を考えておくことは、大切な視点だと思う。

　カリキュラムの特徴として、たとえば、アグリコースでは各種農業関係機関・団体と連携した現場実習を取り入れて経営感覚を学ぶデュアルシステムを導入し、多様な農業の担い手を育成できるように、GL（グローカル）コースでは、信州大学農学部や外部機関と連携してグローカルな視点で課題に挑戦する生徒を育てるため、情報や英語の授業を強化しながら、

2・3年次の課題研究や「伊那谷探究」に取り組むなど、授業の中で学校の枠を超える活動を取り入れた。

『学校案内』の表紙に、2年間の検討の中から紡ぎ出された「上農で、わたしと伊那谷をデザインする」というあらたなビジョンが掲げられている。そこには、生命に問いかけ、自分で考え、実践で表現する農業学習をとおして、自分の生き方をデザインしていくことのできる生徒を育むとともに、その学習を自分にとどめることなく、伊那谷地域のみなさんと一緒に、伊那谷を一層活力ある地域にデザインできる生徒を育むという思いが込められている。

2 〈広報活動をトータルに担う外部人材〉

この一連の検討過程の中で、教員の言葉がはたして中学生や地元の方々にきちんと届けられているだろうか、意味が通らない特殊な業界用語になっていないだろうかという不安がつきまとっていた。教員とは違った言葉をしゃべるスタッフが必要だと思った。

その時、運良くひとりのデザイナーとの出会いがあり、開設以来10年余が経過した上農のWEBサイトを作り直してもらうよう依頼した。日々忙しい教員に、WEBサイトを作り直す膨大な作業は頼めない。ターゲットとなる中学生や保護者は、スマホからアクセスする時代。パソコンからアクセスすることを想定して作られたサイトは時代遅れだ。

問題はその費用の工面。PTAと同窓会から支援してもらうよう働きかけた。特に同窓会には、同窓会のWebサイトも一体運用すること、在校時に同窓会の終身会費を徴収するしくみに変更することで財政基盤を強固にすることなどを通して、学校へ支援していただく金額をこれまで以上に上乗せしてもらえた。

この作業を通し、デザイナーに上農に関する知見が蓄積されたことが好都合であった。翌年、「変わる上農」の姿をわかりやすくビジュアルに発信してもらう広報活動をトータルに担ってもらった。学校を見せるデザインのチカラを改めて実感している。

第3章　全員参加で、活力ある学校をつくる——生徒・保護者・教職員・地域とともに

「よりよい解」を求めて教師も校長も成長する学校に

岡山県立林野高等学校校長　**三浦隆志**

　日本は、明治維新からおよそ70年後に敗戦を体験し、現在のような教育システムを確立した。現在は、その70年後にあたるとされ、様々な教育改革が展開されている。そのことは平成27年度末の『高大接続システム改革会議「最終報告」』で、「我が国と世界が大きな転換期を迎えた現在、幕末から明治にかけての教育の変革に匹敵する大きな改革であり、それが成就できるかどうかは我が国の命運を左右すると言っても過言ではない」と記されていることからも明らかである。そして平成29年3月、小・中学校の次期学習指導要領が告示され、平成30年の3月末には、高等学校の次期学習指導要領案も告示された。このような教育改革が激しく展開されるなかで、校長として、常にどのように学校運営を進めてきたか、その一つをお話ししたい。

　副校長として、次年度の準備に奔走していた平成26年3月のある日、突然、ある専門学科高校の校長職への昇任の内示があった。そして、十分な準備をする間もなく4月1日には専門学科の高校に赴任した。着任直後、校長として何ができるか、あれやこれや考えていた時、ある先輩校長先生から丁寧なお手紙をいただいた。ご自身の経験を綴られたもので、もやもやしていた頭の中が少し晴れたように感じられた。当時、現行学習指導要領の完全実施の時期に当たり、「言語活動の充実」を通じての授業改善が各学校で取り組まれ、赴任校にもその機運があった。専門学科への勤務が初めての私にとって、当初、学校の仕組みや授業内容、先生方や生徒たちのマインドなどを理解することは、とても新鮮な体験であった。困ったことも多々あったが、そのようなとき、前述の手紙を読み返し、先生方との対話を通じて、自らを奮い立たせ前に進む力にした。また、このような新しい環境のなかで学校経営を進めていくうえで自分自身の核になったのは、

京都大学の溝上慎一先生や東京大学（当時、現立教大学）の中原淳先生、岡山大学の宮本浩治先生から専門的なご指導・ご助言をいただけたことであろう。現場の教師として、現行学習指導要領の「言語活動」について研究・実践していた頃から、より具体的な教授法とともに、学校組織マネジメントに興味関心があった。私自身が日本史の中世村落における農民の承認構造を研究していたことから帰結したものかもしれない。最初は組織マネジメントに関する書籍を片っ端から読みあさったが、自分自身に腑に落ちることができず、悶々としていたが、前述のお三方と研究会等でお会いして、交流を重ね、ご教示をいただく中で、自分の考えが少しずつ整理されるようになった。さらに、私の学校経営の様々な場面で、学び得た専門的・学問的な知識・事柄をブレークダウンした実践を、先生方が受け入れ取り組んでくださったことの方が大きい。対話を重視したワールドカフェなどのワークショップ、ビブリオバトル、ブックレビューなど枚挙にいとまがない。さらに、そのような中から、次代を担う新たなミドルリーダーが現われてきたことも新鮮な経験であった。

　赴任して、ほぼ2年が経った頃、突然、現在の学校への異動が内示された。これから先生方や生徒たちと取り組みたい方向性が見えていた時期であったため、一時、自分を失いかけたが、新しい学校、先生方、生徒たちが待ってくれていると思い直し、一緒に汗を流した多くの先生方に後を託して現在の学校に赴任した。現在の学校は、数年前からの授業改善や総合的な学習の時間等の取組が広く知られており、そのなかから自らのミッションを明確にするところからの始まりであった。着任後、数年間、取り組んできた教育活動を見ていく中で、世間では次期学習指導要領をめぐる中央教育審議会の動きや教職員の人材育成プログラム、カリキュラムマネジメント等の議論が飛び交っていた。本校の将来を見据えて、これまで取り組んできた教育活動を整理し、これから加わっていくこととを共有・検討して、新しい提案をすることが重要と考えるようになった。そのための具体的な対応や研修が必要と感じるようになった。また、平成28年度から3年間、本校は文部科学省の「高校生の基礎学力定着に向けた学習改善のた

めの調査研究事業」に指定されており、校長として、この事業を通じてさらなる成長のムーブメントが期待できると考えていた。そのために、初めは、短い期間の振り返り（リフレクション）をし、肯定的な気持ちを醸成するところから始めた。つまり、少しずつ無駄を省き、よいことの継続性を維持しようというわけである。具体的に、自律的に職場の活動を振り返り、改善のアクションを考える手法として企業などで使われているＫＰＴ（ケプト）法を用いて行ってみた。肯定的な考えを共有した上で、改善を加えるやり方が新鮮であったようで、小さなスクラップ・アンド・ビルドができたようである。その後、KPT法は校内の各分掌における中間期での振り返りにも使われていた。

　次に、肯定的な雰囲気の醸成の段階から、「人材育成×組織開発」の視点で、学校全体の年間計画や学校経営目標を作るという少し高い目標にチャレンジしてみた。単に話し合いをするのでは、先生方の成長に時間がかかると考え、ミドルリーダーの活動と全体メンバーの活動を分け、それぞれを系統的にデザインし、その二つから一つの成果物をつくることをねらったものであった。ミドルリーダーには、全体を俯瞰する力と担当以外と連携する力の醸成を求め、メンバー全体には、『ガチ対話』と名付けたワークショップで、多様なものを産み出す力とお互いを理解する力を求めた。やってみると意外に上手くでき、これまでの本校が取り組んできた学校改革の流れも確認することができた。私自身も、資質・能力ベースで人材育成の全体像がおぼろげながらも見えた経験となった。

　平成29年度に入り、「組織」として、それまでの集大成として、「育てたい生徒像」制作にトライしてみた。結果としてできあがることは重要かも知れないが、それ以上に、「組織」としてどう取り組んだかが大切と考えた取組である。その結果として、現在の学校では、人材育成と組織開発の観点の取組から、いくらか「組織」で熟議し、その結果としての成果物が得られるようになった。大変大きな進歩である。これからも「よりよい解」を求める本校の取組は継続するであろう。それは本校の成長であり、先生方の成長でもある。そして、私自身の成長でもあると考えている。

私学教育とともに生きて50年

宮崎県・学校法人日南学園日南学園中学校・高等学校校長　**藤原昭悟**

1　私立学校に勤務して50年

　私立学校に在職して半世紀になる。本学園は、「商業科」の創設に始まり、地域・社会のニーズから現在は「理数科」、「特進科」、「普通科」、「看護科」、「調理科」の5学科と中学校を設置している学校である。当初、教諭として勤務した後、19年間事務局に勤務した。現在、校長として16年目を迎えている。勤務当初、学校経営の財源は生徒の授業料に頼る厳しい状況であった。

　昭和50年を境として、私学振興助成が開始され、私学教育が大きく転換した。さらに、新しい「教育基本法」には、私立学校の条文が定められ私立学校に対する教育の振興が明記されるなど、国民の私立学校への期待は大きくなってきたと思っている。これからも私学教育の振興に努め、生徒の夢や保護者・地域の期待に応えていく努力を重ねていきたいと決意を新たにしている。

2　私立学校の課題

　私は、私立学校の課題を次のようにとらえて、その解決に努めている。
(1)「建学の精神」の遂行

　　本学園の「建学の精神」は、"礼節・礼儀"であり、不易の教育テーマでもある。この建学の精神を、全ての教育活動の中で取り入れながら、「魅力ある学校づくり」を推進することが課題である。教職員が一丸となって「建学の精神」の共通理解とその実践に日々邁進している。
(2) 私立学校の果たす役割

　　地域に根ざし、地域における存在価値を高める努力無しには、本学園の存続はない。「5つの学科」の特性を生かして、校外活動にも積極的

に取り組み、地域社会との連携も強力に推進している。

(3) 職員研修の充実

　時代の変化、グローバル化、保護者や生徒のニーズに応えるために、体系的な「職員研修」と「自己研修」が教職員の資質向上を図るうえで重要である。校内や校外研修を効果的に実施し、生徒、保護者、地域に信頼される学校づくりに努めている。

3　50年の変遷——本学園の看護科について

本学園の5学科のうち、紙面の関係で、生命線である看護科について紹介したい。本学園の看護科は、日南校舎と宮崎市にある宮崎頴学館に設置している。

本学園の看護教育の変遷については、次の4期に分けられる。

(1) 創世記

　衛生看護科は全国的にも早い段階から、県内唯一の学科として新設した。以来、県内一円から意欲ある生徒が入学し、全員が明確な目的意識をもって努力している。

(2) 第二期

　高度医療の進展にともない看護の質の向上が求められ、本学園も看護師教育を行うために看護専攻科を設置した。

(3) 第三期

　文部科学省の5年一貫看護師養成制度を導入し、本学園も体制を整えた。

(4) 現在

　少子化により入学者の多様化もあるが、生徒は志をもって鋭意努力している。生徒の夢の実現を目指して、看護師養成の専門学校とは異なる高等学校教育の在り方を模索し追求し続けている。また、5年一貫看護師養成制度のよさを地域に理解・浸透させることに努めている。今後も、他の養成制度より短期間で取得できることなどをていねいに説明し、地域に貢献していきたい。

次に、看護教育を進めるうえで、大切にしている観点を述べてみたい。
⑴ 看護教育は、生徒の実態を十分把握し、個に応じたきめ細やかな指導を行うとともに、人間性豊かな看護師を目指した教育の実践が重要である。
⑵ 5年一貫教育では、入学当時から5年間の学習内容を明確に定め、目的意識をしっかりもたせることが重要である。
⑶ 臨地実習では、専門教科・科目の学習内容を確実に定着させることと、主体的に課題を解決しようとする姿勢を育てることが重要である。
⑷ 臨地実習の心構えとして、患者の個人情報などの機密保持については、徹底した指導をすることが重要である。また、患者への思いやりや慈しみの気持ちも育てたい。
⑸ ボランティア活動は本学園の重要取組事項の一つである。生徒の主体性を尊重しながら、校内外の活動が安心・安全に実施できるよう支援体制を構築している。

高等学校における看護教育は、本学園の場合、看護専攻科までの5年間である。全員が看護専攻科へ進学し、看護師国家試験を受験する。進路が明確な生徒に、大学進学を目指す普通科教育と同程度の学力が必要であるという自覚を促しながら、成果につなげている。

4　本学園の特色ある学校づくり

看護科以外の他の学科でも成果をあげている。本学園の特色について述べたい。
⑴ 中高一貫教育で国公立大学等への進学が増加し、2年連続医学部合格。
⑵ 地元の優良企業を中心に就職率100％を達成。
⑶ シーフード料理コンクール全国大会等への出場。
⑷ 野球部甲子園出場。（春夏連続2回、春5回、夏8回出場）
⑸ 女子卓球部全国高校選抜大会出場。（20年連続、22回目）
⑹ サーフィン部世界選手権出場。

(7) 放送部全国大会出場。（2年連続）

5　今後の学校経営への展望

　結びに、今後の本学園の学校経営や私学教育のあり方について述べてみたい。

　本学園では、学校設置者である理事長と校長が、緊密な連携をとることで、一層の教育的成果が発揮できると考える。本学園の理事長添田昌邦先生は、現在、全国私立中高連合会常任理事の要職にもあり、最新の教育情報や学校経営上の指導助言・示唆をいただくことで、意見交換や協議が深まっている。そのため管理運営機能が充実し、校長としてありがたいと思っている。

　今後の私学教育のあり方として、生徒に新しい時代を切り拓く資質・能力の育成を図る必要がある。地域に貢献する人材育成を目指して、本学園と日南市が一体となり、生徒自らが課題を設定し、解決していく「プロジェクト学習」にも挑戦している。生徒の夢の実現に向けて、次の観点から全力で取り組み、日南学園中学校・高等学校の新たな創造と伝統づくりに向けて努力しているところである。

(1) 地域、保護者、生徒のニーズに積極的に対応する教育を推進してきた。今後も生徒一人一人の成長を最大限に図りながら、「建学の精神」である"誠実・礼節"を胸に刻む生徒を育成したい。
(2) 人工知能（AI）の発達やグローバル化が進む中、時代の変化に対応できる生徒を育成したい。「何を理解したか」という知識だけではなく、社会と連携・協働しながら「何ができるようになるのか」等の思考力や表現力を身に付けさせたい。
(3) 近年、人間関係の希薄化やコミュニケーション力の低下が課題となっている。教科での協働体験や部活動、ボランティア活動を通して、生徒同士の豊かな人間関係を育み、本学園を卒業しても「絆」を深める教育活動を展開していきたい。

(4) 本学園と日南市が一体となり人材育成を目指した「プロジェクト学習」を実施している。地域の大人と触れあうプロジェクト学習を通じて、郷土への誇りと理解が深まっている。地域に貢献し、地域を活性化する人材を育成していきたい。

第3章　全員参加で、活力ある学校をつくる——生徒・保護者・教職員・地域とともに

地域から信頼され応援される学校を目指して

鹿児島県立武岡台高等学校校長　**飯伏良広**

　鹿児島県の奄美大島北部にある鹿児島県立大島北高等学校に校長一校目として赴任した。全校生徒数は、生徒募集定員半分の小規模高校であり、生徒募集定員確保が喫緊の課題であった。そのためには、「地域から信頼され応援される学校」になることが第一と考え、全職員、PTA、同窓会で取り組んだ。

1　校長としての哲学、学校経営の取組みで重視してきたこと

　学校の主役は生徒である。教職員は生徒の充実した学校生活を支援するプロデューサーとして深く寄り添う。学校のスローガンも「一人ひとりが主役です」にした。

　地域住民から生徒の生活態度に対して悪い印象を持たれているとの情報があったので、「地域から信頼され、応援される学校を創ろう」と全職員、生徒に、校長の方針を示した。具体的には、日本一の挨拶を目指す、きちんとした身だしなみに心がける、積極的なボランティア活動と地域貢献、である。

2　校長として、危機管理対策として配慮・留意してきたこと

(1) **生徒に関すること**

　欠席の場合には、担任は必ず保護者と連絡を取り生徒の所在を確認させた。また、連続3日欠席する場合は、家庭訪問するようにした。校内の適応推進委員会で、気になる生徒の情報を共有することにも努めた。

(2) **職員に関すること**

　服務規律の厳正確保のために機会を捉えて職員研修などを実施するなど職員への指導に努めた。学習指導や部活動指導等の際には、日頃から生徒

の人権を配慮した適切な指導をすることが大切であることを強調してきた。
⑶ **生徒募集確保に市と連携したこと**
　市の事業「魅力ある学校作り支援事業」に、本校の三つの事業を採択していただいた。
　一つは生徒による「聞き書きサークル活動」。これは、地元の伝統的行事やシマ唄、生活様式等について、高校生が長老宅を訪問し調査する活動である。足元の宝を再発見し、地域へ発信する活動は、マスコミの注目も高く、活動を広く地域へ広報することができた。これを機会に地元住民との交流も深まり、大学生との共同研究も毎年実施でき、生徒にはとても良い学びの機会にもなった。
　二つ目は、九州大会に出場し地元の期待も高いカヌー部の練習に地元中学生を招待した、部員確保への取り組みである。
　三つ目は、情報処理科の検定試験合格実績のため外部講師による講座の開催である。生徒はもちろん、教員研修や情報交換の貴重な機会になった。
⑷ **PTA役員・保護者との交流活動のこと**
　保護者との交流を深めたり保護者の思いを聞くために、PTA総会の夜に懇談会、PTA主催行事である笠利湾一周板付舟リレー、親子ふれあい清掃、門松作り、新年会等、楽しみながら保護者と職員との交流の場を多く設定した。学校の応援隊として、PTAの父ちゃん隊・母ちゃん隊も文化祭や学校行事で協力してくれた。
⑸ **PTA・同窓会役員が生徒募集定員確保に動いてくれたこと**
　生徒募集定員確保のために同窓会役員が地元中学校を訪問したり、PTA役員が校区公民館で中学校3年生と保護者向けに高校説明会を開催してくれた。

3　教職員・生徒に語りつづけてきたこと
⑴ **教職員へ語りつづけてきたこと**
　わかる授業のために努力をすること、生徒の人権を尊重し、体罰のない積極的指導をすること、生徒や保護者に対しては、相手意識を持った言動

に心がけ、自分や学校の都合を優先しないこと、服務規律の厳正確保に努めること等。

(2) **生徒へ語りつづけてきたこと**

地域から信頼され、応援される学校の主役としての自覚を持って、日本一の挨拶をすること、きちんとした身だしなみに心がけること、ボランティア活動や地域貢献に積極的に取り組むこと。

4　教頭、主任や先生方への指導・助言等で重視してきたこと

学校としての組織で対応することの重要さを強調した。そのため、個々の指導力向上のために、自己研鑽に日頃から取り組むこと、ミドルリーダーとしての役割を認識して、学年団や各部で若手・中堅・ベテラン教員の意思の疎通や連携がスムーズに行われるように取り組むように指導した。そのために、報告・連絡・相談・確認を徹底させた。

5　校長、教頭など学校リーダーを目指す方々に期待すること

教職員が話しても無駄だという気持ちにならないように、教職員の話は最後までしっかり聞くこと。生徒指導等で生徒に対する指導措置判断をする際に、教職員の考えを十分に聞き、生徒にとって教育的な判断ができるリーダーになってほしい。

謙虚さと感謝の気持ちを忘れずに、相手へのリスペクトを持ち、欠点より良い点に目を向けて、生徒や教職員を成長へ導いていけるリーダーであってほしい。

6　今後の教育で重視すべきこと

変化の激しい社会の到来を見据えて、十分な知識・技能を基盤として、答えが一つに定まらない問題に自ら解を見いだしていく思考力・判断力・表現力を身につけ、主体性を持って多様な人々と協働して学ぶ態度を備えた生徒の育成に努めていくことが重要であると考える。

変えられるものと変えてはならぬもの

広島県立呉三津田高等学校校長　**小路口真理美**

　呉三津田高校は、明治40年4月、呉中学校（通称呉一中）として開学して以来110年、激動の歴史を生き抜いてきた伝統校である。また、我が母校でもある、この伝統校に校長を拝命した時以来、胸に刻み続けている言葉がある。

　変えられないものを受け容れる心の静けさと
　変えられるものを変える勇気と
　その両者を見分ける英知を与えたまえ

　　　　　　　　　　　　　　　ラインホールド・ニーバー

1　質実剛健

　そもそも、呉三津田高校の校訓は「質実剛健」、校風は「体制に流されることのない独自で清新な気風」である。従って、三津田ヶ丘に集う者は、生徒であれ、教職員であれ「君たちはどう生きるか」という問いを常に突きつけられてきた。

　その答えの一つが、第二次世界大戦開戦前夜、呉一中で教鞭を執られ、後に京都・名古屋両大学の名誉教授となられた入矢義高先生の「呉一中は、自分に、とかく自己完結的・独尊的な環境に傾きがちになる教育という場の閉鎖性から免れるためには、一体どう努力すべきであるかについて、体験を通じて反省させた」（『呉三津田高等学校創立90周年誌』）である。

　また、当時の生徒諸氏の答えは、「一本松が、すべて見ている」だった。残念ながら、校庭に高く聳えた松そのものは、呉空襲で焼失してしまったが、その象徴的な意義は失われていない。なぜなら、一本松とは、自分を顧みて、直くあるかと問う指標であると同時に、三津田ヶ丘で黙々と努力

し、報われず涙する時も、「わかっているよ」と包んでくれる教師や同朋のまなざしを表すメタファーなのだから。一本松という象徴が存在するゆえに、「人知らずして慍みず」（『論語』学而篇）、虚飾を捨てて、質実剛健を生きる、つまり、世に阿ることなく、真正の生き方の模索を続け、行動することが伝統となったのだろう。己の中に他者を置いて律し、かつ励まし、鼓舞する強い意志は、不易のものとして、継承する。このことは、我々の使命であり、静かに受け容れるべき「変えられないもの」否、「変えてはならぬもの」である。

2　社会に開かれたカリキュラム

　一方で、時代は変わる。人口は著しく減少し、一握りのリーダーが、大勢を引っ張っていく時代はもう終わったのだ。したがって、生徒一人ひとりを、自ら思考し、判断できる、自立的・自律的な主体に育てなければならない。

　キャシー・デビットソンは予言する。「2011年度にアメリカの小学校に入学した子どもたちの65%は、大学卒業時に今は存在していない職業に就くだろう」（ニューヨークタイムズ紙 2011.8）と。すなわち、グローバル化・情報化が急速に進む社会では、既存の枠組みなどあてにならないのである。

　したがって、積み上げてゴールを目指すキャリア教育はもう古い。新学習指導要領を待つまでもなく、社会に開かれたカリキュラムの開発が急務である。生徒が、当事者意識を持って社会と向き合い、自ら課題を発見し、主体的に探究する中で、進路目標を見直したり、新たに自らの将来を見出したりできる機会の構築を試みる必要がある。

　本校では、総合的な学習の時間の2学年時に「社会探究プロジェクト学習」を位置づけ、いわゆる地域研究を行っている。この課題発見・解決学習によって、見出した地域創生策は、呉市議会及び市長に提案することをゴールとしたため、生徒達は、自分たちのアイデアの実現性に対する客観的な検証を求めて、熱心にフィールドワークをし、大人にも意見を求めた。

このように、社会に開かれたカリキュラムは、学校だけで作成できるものではない。学校と社会をネットワークでつなぐ社会の学校化、学校の社会化を進めていかなければならない。

3　変えるものを変える勇気

　また、幸いなことに、ここで関わってくださった行政、同窓生を中心とした地域、大学関係者などは、皆、呉三津田応援団になってくださり、チーム呉三津田を結成するに至った。その中で、ブランド化（特色の視覚化）が提案され、本校の目指す姿である「伝統と革新を支える強い意志（玄）を持って、世界を志向（青）し、三津田ヶ丘の青春によって強烈な個性（朱）を磨き未来（白）を創る世界市民を育成する」を玄・青・朱・白4色で表現した。このブランド化によって教職員・生徒・保護者・チーム三津田全員が異口同音に、呉三津田高校について語り、誇りを醸成しつつ、学校を創ることの喜びを共有している。

　このように不易の中の流行「変えるものを変える勇気」は、まさに、後生畏るべし、生徒が無自覚ながらも、それを発揮したことで、私たち大人に伝播したと言える。

　そこで、気づいたのは、かつて1960年代、いわゆる全共闘世代の若者を、彼らが政治の変革を目指したことによって、強烈なエネルギーをもっていたとし、その後の若者は、政治にも無関心で、「今さえ良ければよい」という刹那的な価値観を持っていると評する認識の誤りである。現在の若者達も、「変化にただ流されるのではなく、自らの力で、世の中を1ミリでも変えたい！」という熱い心を持っているのだ。電子機器を巧みに扱う高校生にとっては、グローバル化・情報化は、むしろ追い風である。

　かつては、「自ら反りみて縮くんば、千萬人と雖も吾往かん」（『孟子』公孫丑上篇）とばかりに、自分の高い志を実現する強さが賞賛されたが、今は、自らの価値観を相対化しつつ、他者のそれに敬意をもって対応し、

新しい価値を創造できる、柔軟さのうちにこそ、世の中を変える、真の力があると言えよう。

4　学びの変革アクションプラン

　このような変化に基づき、広島県教育委員会は、従来の知識ベースの受動的な学びから、習得した知識を活用し、体験に基づく課題解決学習重視への転換を目標に「学びの変革アクション・プラン」を策定した。呉三津田高校は、この変革の先頭を走り、先に述べたような人材の育成を目指して、「社会探究プロジェクト学習」を実施し、アメリカに在る姉妹校とICTによる意見交換や短期留学も行うなど様々な側面からアプローチを始めている。しかし、多様性の容認は決して容易いことではなく、かつてのスタイルを打ち破ろうとする生徒・教職員の挑戦は、不安を凌駕する尊いものである。

　だから、私は、教職員・生徒そしてチーム呉三津田に敬意を表し、かつ信じて「挑戦なくして成長なし。やってみなはれ。しんがりは私が務める」（鷲田清一『しんがりの思想』）と腹を括っている。私のような非力な者でもしんがりがいれば、必ずや前に進めるはずである。

　変えられないものと変えられるもの、その両者を見分ける英知は、私一人に与えられるものではない。チームとして、その組織を愛し、生徒と大人たちとが響き合う時、伝統校は、しなやかに、そして、したたかに、時を超えるのである。

第4章

未来を担うリーダーたちに伝えたいこと

変革の時代に向き合って

学校への期待をつかみ、展望を示すことこそ校長の役割

元山口県立大津高等学校校長　前山口県公立高等学校PTA連合会事務局長　**久芳善人**

1　校長として学校経営の取組みで重視してきたこと

　地域や保護者・生徒がその学校に求めているものは「何なのか」？「なぜ」それをしなければならないのか？　「どのように」すれば「その目標」に到達できるのか？　これらを踏まえ、その学校の特色や生徒の実態に即した学校経営（あえて「運営」とは言わない）が求められる。

(1) 商業科高校の場合

　地域・社会からの要望、これからの商業教育は上級学校・大学進学への対応が必要。そのためには、①簿記を中心に将来会計学まで目指せること、もう一つは②情報処理を中心とした知能情報分野等を目指せる教育課程の編成が求められる。生徒の目的に沿って①または②に特化する、あるいは就職を希望する場合は①②で必要と思われる学習内容を選択できる教育課程の編成が求められる。この方針の下に商業科の教員を中心に教科・科目について生徒の進路を踏まえ「何を」「どこまで」指導するのかを検討してもらい選択科目幅を広げた教育課程を編成した。他に、数学と英語についても将来の履修に合わせて選択幅を広げることが重要である。

(2) 普通科高校（進学校）の場合

　生徒の実態に即した大学進学指導をする必要がある。入試はおおまかに①AO入試、②推薦入試、③センター試験＋二次学力試験入試の三つに分けられる。普通科こそ進路指導の一環として職場体験学習の導入をぜひ取り入れてほしい。職場体験の場確保は保護者（PTA役員）・卒業生（同窓会）を活用し、校長が地域をまわってお願いすれば拒否をされることはまずない。3年生の8月にAO入試が始まり、9月頃から推薦入試が始まるので逆算すると体験学習をもとにした志望理由書等を3年生の7月までに作成する必要がある。そうすると体験学習のクラス発表会は2年生の

10月、学年発表会（1年生も参加して来年の準備）は12月となる。2年生の1学期に体験学習を実施しておけば、夏期休業中にも再度体験学習が可能となる。これに職場からの生徒の資質や態度等についてのコメントや推薦文をいただき、平素の学習指導（到達目標と絶対評価：教務内規の改革）と教育外活動（部活動や生徒会活動等）と併せて進学指導の成果を大いに上げることができる。

　いずれにしても保護者にしっかりと学校側の教育方針・目標を伝えご理解をいただくためには、まずPTA総会への出席（委任状含まず）率を100％とする仕掛けが必要であり、そこで学校経営の方針については校長が、そしてこれにそった各目標については各主任が責任を持って説明することが大切である。

2　学校経営の視点と評価および教員の育成とその評価

(1) **学校経営の四つの視点と評価基準**
　①生徒の満足・保護者が納得、地域のご理解・ご支援がいただける
　　（学習到達度評定4以上・進路志望の達成率、学校外部委員評価）
　②特色ある教育モデル（多様な進路と教育課程の編成）
　③教員の研修と成長（ライフステージと業務レベル）
　④財務（教育活動とその費用対効果）

(2) **教員の研修と成長（ライフステージと業務レベルの設定）**
　教員のライフステージは、私見ではあるが次のように考えている。
　(i) 22歳〜28歳　(ii) 29歳〜34歳　(iii) 35歳〜41歳
　(iv) 42歳〜47歳　(v) 48歳〜54歳　(vi) 55歳〜60歳
　この(i)〜(vi)のステージに次の
　(i) 定型業務　(ii) 改善業務　(iii) 改定業務
　(iv) 主任業務　(v) 経営支援業務　(vi) 経営業務
　をそれぞれ対応させ、教科指導、生活指導、進路指導等をベースに
・定型業務：決まった指導内容、ルーチンワークを確実に実行
　　例えば〈各教科の単年もしくは3か年の教科指導ストーリー〉

〈1年次から3年次までの一貫した進路指導ストーリー〉
〈3か年の学校行事を中心に展開する生活指導ストーリー〉
を作成し、それぞれ「何を」「どこまで」「どのように」指導展開していくかを決めておき、達成の目標基準を示しておく。
・改善業務：定型業務内容に改善案提案（主任や管理職が判定）
・改定業務：改善では対応できない内容（抜本的改革案の企画立案）
・主任業務：各分掌の経営と若手教員の育成（OJT）
・経営支援業務：校長、副校長、教頭への協働と支援
※年代で後にくる業務を前の年代でこなした場合、例えば(ii)の業務内容が(i)の年代でできれば「A」評価をつける。

(3) 教員の教科指導以外に求められる資質と適性を知る

　教員に求められる資質と適性を知る一つの手がかりは、経営用語のコンピテンシーという概念で、雑駁に言うと誰が見ても「それぞれの部署・立場でうまくやっている（成果を上げている）人の行動特性」のこと。教育現場でのコンピテンシーを知り、このコンピテンシーを抽出した一覧表（コンピテンシーディクショナリーという）を作成することで可視化できる。コンピテンシーディクショナリーの作成方法は、①域内の学校で成果を上げている教員達に日頃の業務に対して心掛けていることや気をつけていることを優先順位を付けて、例えば20個程度書き出してもらう。②域内の教員からあがってきた文言・言葉について、重複していて順位の高いものから、管理職の目で優先順位を付け20個程度（20点〜1点を付与）に絞る。各部署で特に必要と思われるものには20点以上の配点をする（有意差を付ける）。③それぞれ(i)担任、(ii)教科主任、(iii)学年主任、(iv)各分掌主任、(v)学科主任、(vi)副校長・教頭、(vii)校長の職務ごとに実施しまとめる。④30歳代までは(i)〜(v)までのものをシャッフルし一覧表にしたものから、例えば15個選ばせる。選択したものを各部署ごとの点数で合計点を出すと、その人の資質・適性が垣間見れ、適材適所への可能性も探れる。また、その部署についたときベンチマークにも活用できる。

それぞれが役割を自覚し、活発な意見交換を

高知県立高知南中学・高等学校校長 **織田敦子**

1　校長として取り組んできたこと

(1) 学校目標の明確化と共有化

　学校の目標を定めてそれを具体化することは当たり前のことであるが、その目標を教職員で共有するだけでなく、生徒と共有していくことが大切だと考えている。そこで、始業式ではできるだけ数値等の具体的なものを入れながらパワーポイントなどを使って全校生徒に説明し、終業式にはそれがどれだけ達成されたかを話すようにしている。

(2) 授業改革

　「生徒に身につけさせたい力」を明確にした授業づくりのために、全教員で授業改善に取り組んでいる。「生徒の力を何で測るのか」が漠然としている教科も多く、ゴールを設定することなく日々の授業をこなしているような現状もあった。そこで、教科の中で生徒の力を測るタスクを設定し、教員も生徒も自分の力や成長が見えるような工夫をしている。

(3) 環境づくり

　生徒が安全にかつ安心して学校生活が送れるように、環境美化には力を入れている。学校が環境美化を大切にしていることに賛同してくれる保護者も多く、愛校作業の際には多くの生徒、保護者が参加してくれる。

2　教職員、生徒、保護者等に語りつづけてきたこと

(1) 教職員に対して

①教えるプロとしての矜持を持ってほしい。1時間1時間の授業を大切にして、生徒の中で学びが起こる授業を心掛けてほしい。生徒も先生もゴールが明確になっている授業を心掛けよう。教師である以上、授業研究はし続けていかなければならない。

② 判断に迷ったときは、「生徒にとってどうなのか」という視点で考えてほしい。
③ 勉強ができないことを、生徒だけのせいにしていないか。「どうせ～だから」「生徒に力がないのでやっても無駄」という考え方はやめてほしい。
④ 保護者からクレームがあったとき、本質は別のところにあることが多い。組織としての対応を心掛け、クレームのもとにあるものは何かを考えてほしい。
⑤ 常に生徒の様子に気を配り、アンテナを張り、早めの対応を心掛けてほしい。

(2) **生徒に対して**
① とにかく授業を大切にしてほしい。そのためには目標を持つこと。受け身ではなく自主的に授業に参加しよう。
② 凡事を徹底すること。挨拶や掃除の大切さ。廊下に落ちているごみを「自分が落としたわけではないから」と見て見ぬふりをせず、拾い上げる心の大切さ。
③ 勉強や部活動において、自分の立ち位置を確認する。その位置から自分の目標の位置までどのような方法でどのように進んでいくのかを自分で考えられる人になってほしい。

3　副校長・教頭、事務長、主幹・主任等や先生方への指導・助言等で重視してきたこと

(1) **教頭先生へ**
① 校長への連絡、報告、相談をこまめにしてほしい。特に相談の際は、自分の考えをもっていてほしい。「どうしましょう？」と問いかけるのではなく、「○○したいと思いますが、どうですか？」であってほしい。最終の判断は校長がするにせよ、判断するに十分な情報を伝えてほしい。
② 先生方の良き相談相手であってほしい。また、先生方のPDCAサイクルがうまく回っているかを見極め、適切なアドバイスをしてほしい。

③明るく前向きであってほしい。教職員の前で、「疲れた」「つらい」「ダメ」「無理」「あーあ（ため息）」などの言葉は極力使わず、「この人と一緒に仕事をしたら元気が出る」という存在であってほしい。
④国の動きや県の動きなど、様々な情報を集め、勉強してほしい。「自分の専門教科ではないからわからない」「過去に経験したことのない校務分掌のことだからよく知らない」は通用しない。
⑤できるだけ先生方の授業の様子を見てほしい。公開授業だけではわからない、日ごろの様子も観察してほしい。
⑥校長に対しても自分の意見をはっきりと言える人であってほしい。

(2) **事務長へ**
①生徒の安全を第一に考え、学校施設等の管理を十分に行うよう職員を指導してほしい。
②事務室は学校の窓口。電話の対応や来客の対応で学校の印象が決まる。相手の立場に立った対応を心掛けてほしい。
③事務職員にも生徒を育てるという気持ちを持ってほしい。事務室を訪れた生徒に対しても、礼儀作法や言葉遣いなどの指導をしてほしい。

(3) **主幹・主任へ**
①ミドルリーダーとしての役割をしっかりと自覚すること。分掌の長であれば、個々の先生方の仕事の進捗管理も大事な役割である。
②反省したことを生かす工夫を。前年踏襲型の仕事では発展がない。
③情報共有の場をできるだけ多く持つ。
④管理職への提言大歓迎。「こんなことがしたい」「こうすればもっと学校が良くなる」ということを、分掌や教科からどんどん提言してほしい。トップダウンではなく、ミドルアップダウンの仕事ができたらよい。
⑤教科会や学年会、分掌会が形骸化していないか。ただの報告会のようなものではなく、お互いの意見が言える場になるようにリードしてほしい。

学校はチーム。目指す方向性を共有すること

前富山県立高岡高等学校校長　現富山予備校校長　**佐倉正樹**

　富山県の県立高校長は概して在職期間が数年間と短く、その任期内に自らの教育理念に基づき特色ある教育活動を推進し、何がしかのことを成し遂げることはなかなか難しい。それを実現するためには、県教委の協力の下、数代の校長にわたり、課題の把握とそれを解決するためのビジョンの継承が必要であり、さらに各代での知恵を絞った工夫が求められる。

　私が校長職として最後に勤務した高校は、120年の伝統を誇る県下有数の進学校であり、地域からの期待も大きい。生徒も教員も優秀ではあるが、それでもいくつかの課題を抱えていた。まず、進学校として求められる東大・京大の合格者数が以前に比べ減少し低迷していたことである。国公立大の総合格者数がいかに多かろうと、最難関大学の合格者数が一桁ずつでは実績ある進学校としては認められない。次に、志願者の定員割れが続いていた理数科に替わり、時代の変化に合わせ改変発展させた新しい探求科を設置したにもかかわらず、定員割れがなかなか解消されないということがあった。探求的姿勢で自ら学習を進めていくスタイルへの理解がなかなか中学校教師・保護者・中学生に浸透せず、普通科への志願に偏った。三つ目の課題として、英語教育の見直しと世界のグローバル化が進んでいるにもかかわらず、学校主催の海外研修プログラムがなかったことがある。自ら海外留学を選択する生徒はほんのわずかしかいなかった。広い世界と実践的英語を体験させる機会となる（単なる語学研修や観光旅行ではない）海外研修を望む声は生徒からも保護者からも挙がっていた。

　これらの課題への対処として、私が選択したのはSGH（スーパーグローバルハイスクール）の指定校となり、その活動の主体を探求科に置くことであった。県教委の賛同と協力を得て、指定校に選ばれるべく動き出したが、これには一つ大きな問題点があった。その約10年前に高岡高校は

SSH（スーパーサイエンスハイスクール）の指定を受け、通算5年にわたり指定校として様々な活動を行った。もちろん成果として挙げられるものは多々あるが、生徒・教師にかかる負担が当初の想定より大きく、またその実践が大学進学実績に直接結びつかなかったこともあり、再指定を自ら望まない形で終了となった。その時の疲労感が学校には残っており、それがSGH指定を目指す動きのネックとなったことである。結果として高岡高校はSGHの指定を受けることができ、現在もその活動は継続中である。その指定を受けるまでと受けた後の事業遂行において、校長として考えなければならなかったこと、求められたこと、行わなければならなかったことを述べてみたいと思う。

1　ビジョンの構築

　学校の置かれた状況を多面的に把握し、教育成果の向上に向けた、リスクを恐れないビジョンを構築するところから新規事業は始まる。先駆的な取組に取り組む進取の気概と困難を乗り越えやり遂げる信念をまず校長が持たなければならない。

2　協働意識の醸成

　新しいことに取り組む時には、教職員と意識や取組の方向性の共有を図ること、協働の意識を作り出すことが重要である。組織は目的を持ち、目標によって駆動するものであり、大勢の人間のコミュニケーションを通じた協働が前提となる。しかし、人というものは、やらされているという感覚でいる限り自らは動かない。現状のままでは、時代や社会の進展への対応が不十分であり、淘汰されずに進化・発展するためには変革が必要であることを認識してもらうことが肝要である。自ら知恵を絞ること・工夫することに喜びとやりがいを持てるように意識を高める必要がある。

3　校長の補佐体制の強化

　管理職もチームとして取り組むことが学校の改革のためには有効である。

優秀で有能な部下（教頭・主任）の能力を最大限に発揮させることも校長としての仕事であり、そのためには目指す方向性の共有が不可欠となる。また、教員にはない行財政に関する知識を持つ事務部の円滑な協力を得られるようにすることも、スムーズな事業遂行において不可欠である。

4　外部折衝と外的資源の活用

　学校は外部の環境と結びついている。教育委員会と連携して取り組まなければならないことはもちろんであるが、保護者や地域の理解と協力を得るための広報活動は不可欠である。PTAや同窓会の会長や役員との繋がりは重要であり、不断の情報交換は欠かせない。これは危機管理の面においても極めて重要である。また、SGH事業推進のためには大学や様々な機関との連携が必要であり、学外の「人的資源」「物的資源」「資金的資源」「情報的資源」「ネットワーク資源」を効果的に活かすため、学校の組織づくりや環境整備をする役割も校長に求められた。

　と同時に、成果や活動に対する結果責任を負うのも校長である。特に外部に対して、学校の動きや自分の行動について説明責任を伴う。学校全体を動かす以上、最終的に責任を負う覚悟が校長には必要である。

　　　　　＊　　　　　　　　　＊　　　　　　　　　＊

　教育の根本は、どのような人間を育てようとするのかにあり、その目指す姿は国・地域・文化・時代で違う。教育の素晴らしさと怖さはそこにあり、教育者が肝に銘じなければならないことである。

　現在は、多様な生徒に対応して、一人ひとりの才能を伸ばし、創造性に富んだリーダーを育てる教育が求められているが、人間性豊かな人に育ってほしいという思いは今も昔も変わらない。愛情を持って教育にあたらなければ、愛情を理解できる人は育たない。

　私はこれまで生徒に、「失敗を恐れるな。失敗しても、失敗に学び、次に成功すればそれでよい」と語り続けてきた。不撓不屈の精神を持った人間を育てていただければ喜びにたえない。

第4章 未来を担うリーダーたちに伝えたいこと──変革の時代に向き合って

安全・安心のホームグラウンドをつくる

福岡県立筑紫丘高等学校校長　前福岡県教育センター所長　**土本　功**

1　はじめに

　子どもにとって学校が安全・安心のホームグラウンドになることが校長の務めと思っている。経験を踏まえてお伝えしたい。

2　おはようございます

　平成22年度から3年間、福岡県立博多青松高等学校長を務めさせていただいた。3部制の定時制課程と通信制課程を併置する単位制高校であり、高校教育改革のパイロットスクールの使命を担って平成9年度に開校した学校である。転編入学定員が設けてあり、さらに秋期入学・卒業も可能であることから、多様な学習歴を有し、学びのペースが一人一人異なる個性あふれた生徒が集うという特徴がある。

　私も以前は大きな声で元気よく挨拶していた。しかし、多様な学習歴を有する個性あふれた博多青松生にとって、挨拶は大きな声で無意識に実践する受け身の姿勢ではなく、挨拶の意義を主体的に考え理解し、適切で自律的な態度で行うものであった。

　その後、教職員課において人事事務に携わり、現在、県教育センターにおいて主に教職員研修を所掌している。その間、相手の方から先に挨拶をいただくことが増えていった。こちらからの前にご挨拶いただくと、つい遅れた負い目で気負い、大声で誠実さの伴わない形だけの礼儀になることがある。今まさに博多青松高校での経験もあって、挨拶の重要性をますます実感し、そのための様々な工夫を行っている。

　このような場合、前プロ野球DeNA監督の中畑清氏で有名になった「二言挨拶」を実行することをお勧めしたい。挨拶に「ご無沙汰しております」とか「お疲れ様です」「ご来校ご苦労様です」などの二言目を添え

るだけで校長のコミュニケーションは格段によくなる。

　挨拶だけでなく電話応対でもぜひ同じように一言つけ加えていただきたい。これはクッション言葉といわれるもので、「恐れ入ります……」「あいにく……」「失礼ですが……」などの言葉を入れて通話するよう管理職が率先し、若手教員の模範となっていただきたい。クッション言葉が温かい職員室の雰囲気を醸成する。

　また、職員室でALTの先生の近くを通りがかるたびに話しかけることも職員室の空気を和ませることに有効である。私はALTと1.5往復の挨拶を実行してきた。私から挨拶の言葉を英語でかけ、ALTの先生の返答に必ずもう一言返すという1.5往復の会話である。会話は少なくてもALTにとって職員室に居場所を感じていただけたら幸いである。

3　アサガオの種

　県教育センター勤務間もない平成28年度には熊本地震が発生した。その被災地の小学校に教育支援に派遣された経験は教育者としての使命を再認識する貴重なものとなっている。被災地では避難所運営などの業務で地元の教職員の方々が獅子奮迅の働きぶりであったことはご存じの通りである。ここでは被災地でこちらが教えていただいた先生のお話を紹介する。

　小学校生活科の夏休みの宿題として「アサガオ栽培」を行うことがある。私ならば早寝早起き・基本的生活習慣の確立を期待し、「水やりを忘れると枯れてしまいます」「早寝早起きができないとご家族に水やりしてもらうことになります」というように、コールバーグの道徳の発達理論の第一段階である罰回避を指導に使いがちである。

　ところが「アサガオ栽培」を行う前に、子どもに「アサガオの花が咲いたらその花を誰に届けたいですか」と呼びかける。それは、転校した友だちだろうか、仮設住宅に転居した祖父母のことであろうか、子どもの心にはそのような思いが浮かび、水やりの大切な動機付けとなるであろう。さらに、機会を捉えて「アサガオにどんな言葉がけをしていますか」と尋ねる。実際に声かけをすると草花はよく育つと言われる。よく面倒を見るか

らだろう。夏休みが終わったらプランターを学校に持ち寄り、種を採取する。２本仕立てのアサガオからは、少ない場合でも５粒、多い場合は60数粒の種が採取されていた。「この種で来年の１年生がまた、アサガオの栽培ができます」。この命を紡ぐ教育を通じて児童に安全や安心を感じさせている。

4　沼スギの居場所

　昨年度まで勤務した県教育センター所在地である福岡県篠栗町には九州大学農学部の付属演習林がある。篠栗九大の森という。その森の風景がインスタに投稿され一気に観光ブームに火がついた。神秘的な森の風景に写っているのはなぜか水の中から高く伸びたスギの一種の木々である。水面に映えるその風景が注目され、大型バスで見学に訪れる観光客で受入れが間に合わないほどの盛況だと聞く。

　この神秘的な風景について専門家に伺うと、植物は強いものが生息地を確保し、結果的に生存競争に敗れた植物は成長できず環境が異なる場所へ移っていかざるを得ないそうだ。しかし、通称「沼スギ」といわれるインスタ映えしたその風景にそびえている木々は、生存競争に敗れたものの沼地・湿地という新たな環境に適応できるよう進化し、新たな生存競争相手が現れない安全・安心の地を確保した。海中のマングローブと同じ経緯でできた森だそうだ。そして、生存競争の中で敗れたどの競合相手の木々より今、全国的に有名な光輝く存在となっている。

　私は、校長として「学校は生徒にとって安全・安心のホームグラウンド」となるようお願いしてきた。しかし、学校だけでなく社会、家庭が……生徒にとって安全・安心のホームグラウンドになりえない場合もあろう。九大の森の例を見るまでもなく、最適な生育環境・教育環境を生徒に提供できない場合でも、いや、生徒にとって環境が不十分であればあるほど、生徒はその環境を自分にとって最高の環境に変えられるよう少しでも進化を果たそうとする、そのような生きる力を身につけられるよう支援するのが我々の務めである。

情熱とマネジメント力が学校を変える

前大分県教育庁教育次長　現大分県・学校法人別府大学明豊中学・高等学校校長　**岩武茂代**

1　はじめに

　私は、42歳で高校の数学教諭から指導主事となり、教頭と校長をそれぞれ2年ずつ勤めた以外は、ほとんどの期間を教育行政で過ごしてきた。校長経験はわずか2年だが、「教育の町」豊後高田市にある県立高田高等学校で学校改革に取り組んだ日々はかけがえのないものであり、多くのことを学ぶことができた。また、行政の立場から校長と関わる中で、見えてきたこともある。これまでの経験を基に校長職について思うことを綴ってみたい。

2　校長としての覚悟

　ここ数年、学校においても組織としての動きが進み、校長はリーダーシップを発揮しやすくなった。言い換えると、良くも悪くも校長によって学校は変わりやすくなったということである。地位を手に入れるということは、権限を手に入れるということである。しかし、強く自覚しなければならないことは、同時に大きな責任を担っているということである。「地位は権力でなく、責任である」。ピーター・ドラッガーはこのような意味のことを言っている。校長には、覚悟と戒めが必要である。

3　校長として大切にしたいこと
(1) 校長は最高の教育者であれ

　最近は、校長の能力としてマネジメント力が重視されがちだが、学校経営の前提として、教育者としての情熱が不可欠である。生徒を愛し、学校を愛し、その成長と発展のために全力を尽くす。この姿に、生徒、保護者、教職員は共感を覚えるのではないだろうか。また、校長に教育者としての

情熱が欠落してれば、学校は方向性を誤る可能性がある。
　校長は、生徒を愛し育み、よりよい教育の在り方を追求し続けなければならない。

(2) **教職員を大切にする**

　学習指導、生徒指導、進路指導、教育相談、部活動、生徒会活動、学校行事等、毎日、懸命に取り組んでくれる教職員に感謝し大切に思う心を持たなければならない。教職員との信頼関係を築き、思いをひとつにしてこそ、より良い教育活動が可能になる。また、教職員の意見をよく聞き大切にする。私が新任校長として最初に行ったことは、分掌主任全員にじっくり話を聞き、教職員一人ひとりと時間をかけて面談を行ったことである。このことで学校の状況がよくわかり、教職員と良い関係をつくることができた。先輩校長のアドバイスを実行したのだが、極めて有効であった。

(3) **生徒と生徒、生徒と教師、保護者と教師、**
　　教師と教師の信頼関係を築く

　生徒には、自他を大切にする心、いじめや卑怯なことは絶対に許さないこと、生涯の友を得ることの大切さを繰り返し説いた。教員には、生徒を大切にし、生徒の成長のために力を尽くすこと、保護者の気持ちをよく理解し親身な対応を心がけることを繰り返し説いた。さらに、教職員には、他の職員を非難することを戒め、特に、問題が発生した場合、当事者を決して責めない、全員で一致協力して解決に努力するようにお願いした。

　生徒一人一人が活き活きと学び、教職員一人一人が活き活きと仕事をするために、居心地の良いさわやかな学校にならないといけない。

(4) **生徒の成長を実現する説得力あるビジョンを示す**

　学校は学び舎である。生徒たち一人一人が、日々の学習や活動を通して多くのことを学び、力をつけ心を豊かにし成長していく。そのために、教育課程や指導計画は、確実に生徒の成長につながるよう練り上げられたものでなければならない。校長は、生徒の実態、大学入試の動向や会社が求める人材を把握するとともに、教育や社会の動きにもアンテナを高くし、説得力のあるビジョンを示す。そして、目標達成までの道すじをわかりや

すく提示し、PDCAには厳しい姿勢で臨むことが必要である。
　結果は生徒。生徒の変容がなければ、どのように立派な計画であっても意味がない。

(5) **縦・横の情報の共有を確実にする**
　校長にとって、情報を早く確実につかむことは極めて重要である。教職員には組織人としての自覚を高め、組織で動くことを訓練する必要がある。
　互いの信頼関係を強め、安心できる組織とすることも必要である。
　ただし、校長は、得た情報を吟味し、事実を正しく把握することも忘れてはならない。

4　今後の高等学校教育で重視すべきこと

　我が国の大きな社会の変動の中で、様々な教育改革が進められている。特に高等学校教育に大きな影響を与えるものとして、次期学習指導要領の改訂と高大接続改革がある。これらのねらいは学力の3要素（①知識・技能、②思考力、判断力、表現力、③主体性を持って多様な人々と協働して学ぶ態度）を確実に育成することである。そのため、学校には、「主体的・対話的な深い学び」の視点からの授業改善が強く求められている。
　このことは、高等学校教育の質の向上につながるものであり、特に、新学習指導要領において、「学びに向かう力、人間性等」をすべての教科で育成すべきものの一つにしたことの意義は大きい。ルイ・アラゴンの言葉「学ぶとは心に誠実を刻むこと。教えるとはともに希望を語ること」にあるように、真の学びは生徒の心に届き、将来を生き抜く力につながるものだと考える。
　そのような学びを可能にする授業の実現を、校長は最も重視しなければならない。しかし、大学入試対策に依存し、教師主導の授業を中心としてきた高校現場では容易なことではない。校長自身が教育改革の理念を十分に理解し、信念を持って取り組むことが重要である。いじめ、不登校の問題など、様々な教育課題の解決の糸口もそこにあるように思う。

第4章　未来を担うリーダーたちに伝えたいこと――変革の時代に向き合って

背中を常に意識して事に当たる

元鹿児島県立松陽高等学校校長　現鹿児島高等予備校副校長　田淵敏彦

　平成28年3月末をもって、36年間の高校教員生活に終止符を打った。この間、校長職として5年間、鹿児島市内にある県立高校において、学校経営に当たってきた。この5年間は苦悩の連続ではあったが、今こうして回顧すると、大変貴重な経験であり、人として大きく成長させていただいたことを実感する。高校長職は、大規模校の校長といえども一般社会での中小企業の経営者に過ぎないということをまずは申し上げておきたい。

1　校長としての基本姿勢

　学校経営の基本スタンスとして、①生徒の死亡事故、②学校施設・設備からの失火、③人権問題（セクハラ、パワハラ、体罰等を含む）、④信用失墜行為、の4点を未然防止することを経営の土台に据えてこそ、学校全体として生徒の未来を約束する高校教育に専念できると考え、経営に取り組んできた。次のステージとして、当時校長として学校を経営する上で、特に留意していたものとして、「時を守り、場を清め、礼を正す」（森信三氏の言葉）を人としての在り方・生き方の中核に置き、生徒や教職員に粘り強く語り続けた。また「計画段階では悲観的に、実行段階では楽観的に」（稲盛和夫氏の言葉）を念頭におき、物事を進める時には、常に最悪のシナリオを想定し、準備に取り組み、実行段階に入ったら、自信をもって進めていった。学校は生き物であるから、トラブルが生起することは当然であり避けられない。問題解決への対応の在り方を試されているという視点をもち、校長の力量を存分に発揮できる場面でもある。

　山本五十六の有名な言葉に「やってみせ　言って聞かせて……」がある。教育、すなわち人にものを教えるときには自分が手本になって相手に見せることは当然であり、時には教員に対して、授業をしてみせる場面があってもよい。教育の場では示範することに躊躇しないことである。

次に、教職員に負けないものを身につけることも校長には大切である。仕事は外見でも決まる。校長の制服である「スーツ」は武装であり、スーツで語り、スーツで意気込みを示すことは大切なことであるとともに、服装は相手へのリスペクトを反映する鏡なのである。また読書量はもちろん自明であり、さらに音楽や美術作品などの芸術への素養を広げることも大切なことである。校長という職には品性や高い感性も求められることから、芸術に触れる時間を意識的につくることも必要である。

2　教職員や生徒、保護者等に語り続けてきたこと

　教職員に対しては、まず教職員集団が生徒の最大の教育環境であることを常に自覚し、あらゆる面で生徒の手本となることを強く求めた。そして学校は生徒にとって学びの場、教職員にとっては神聖な職場であることから、神聖な学びの場に相応しい人材になれるよう、研鑽を積んでほしい。また教科指導力が教師の使命、教科力で生徒をリードし、生徒からリスペクトされる存在になるよう努力してほしい。服装や身なりを整え、生徒の見本になること（例えば、人前ではスーツのボタンをかける、保護者への対応はネクタイ・背広姿で、入学式や卒業式等の会場では革靴を、等）などを中心に教師としての矜持を胸に教育に勤しむよう、訴えてきた。

　次に、生徒に対しては、常に次の4点を基軸に話してきた。①学校は学びの場、本物の勉強を心がけると人は謙虚になる。それ故本物の勉強に打ち込むこと。②常に一冊の本を携え、読書を習慣づけること。③心の強さと我慢強さを身につけ、精神の脱皮、心の脱皮を図ること。④人から信頼される存在になれるよう努めてほしいことを様々な話題の切り口からこの4点に収斂することを目的に生徒の琴線に触れるよう語りかけてきた。

　保護者に対しては、すべての生徒にとって学校は安全・安心の場であることに校長は尽力していくので、学校への理解・協力をお願いしたいことを第一に訴えてきた。また知識偏重の非をいくら論じても、成績の低い方から社員を採用する企業など存在しない、高校は生徒一人一人が社会で生き抜く力を育むところであるので、私が最も信頼できる職員集団である先生方に安心して子どもの教育を任せていただきたいことなどを機会ある

ごとに話し、保護者から全幅の信頼を寄せられるように努めた。保護者や学校関係者からの協力や理解を得ることなく、学校教育は成り立たない。

3 学校リーダーに期待すること

学校教育においても遭遇したことのない問題に直面してきた歴史はこれまでもあった。今後もこのことは必定であろう。未知なる問題には正解など存在しない。しかし正解への手掛かりは歴史の中に必ずある。歴史の中にあるヒントの組合せと自己の経験則から最適解は得られるのである。

吉川英治の随筆に「背中哲学」がある。背中は自分には見えない、そのために無防備なところである、人間の油断や隙は人の後ろ姿に表れてくるものである。正鵠を射ている。背中を常に意識して事に当たることに心がけたい。目標にしたい後ろ姿が学校現場にあれば、人は育つのである。

学校経営は、学校のもつ資金力に大きく左右される。そのことが生徒へいかに良質な教育を提供できるかに関わってくるのである。したがって校長としては一流の事務長を獲得するという視座も大切にしたい。

4 今後の高校教育の展望

顧みること約40年間、高校教育を取り巻く環境の変化や教育改革など五里霧中で立ちすくむこともあったが、節目ごとの変革に素直に自らをおき、対処していく中で教育に携わる者として成長してきたと懐旧される。我々がこれまで真摯に取り組んできた教育は決して間違ってはいないという自負はある。このレガシーを不易な部分として継承していただきたい。

進行するグローバル社会、AI技術の進展、人口減少社会や高齢社会の到来など加速度的な社会構造の変容の中、高校を取り巻く環境も変化しており、学習指導要領の改訂、大学入試制度の大幅な改革、文理融合の進展、そして教員の働き方改革などが目前に迫っている。社会が求める人材像を察知し、社会で自立し生き抜く力をいかに生徒に育んでいくかについてターゲットをある程度絞りつつ、歴史からのメッセージに学びながら、叡智を結集して、果敢に挑戦していくことで、展望がひらけ、結実していくものと思う。現職の校長先生方の挑戦に心からエールを送るものである。

生徒の心に火をつける教師たれ！

沖縄県立首里高等学校校長　小成善保

1　校長として取り組んできたこと

(1) 学校経営ビジョン

　初めての校長就任前に、校長としての学校経営ビジョンを作成するに当たり「① A4版1ページにまとめる　②覚えやすいキャッチフレーズを掲げる」の2点を考えた。教育目標や目指す学校像・目指す生徒像・目指す教職員像は、割合長い文章で示されている学校が多く、全てを覚えるには厳しいと感じたからである。さらに、生徒・教職員・保護者・地域の皆様に学校経営ビジョンを示し理解してもらうために有効であると考え、前述の2点を意識した。

　初めての校長就任が地域唯一の普通科高校で生徒の進路が多様化していた。そこで覚えやすいキャッチフレーズを「ワンランク上の進路実現」と掲げた。それは、私が勤務してきた高校の生徒を見ていると、高校入学時の進路目標を2年、3年に進級するに従い目標を下げる生徒が数多くいたからだ。その原因には様々な要因があると考えるが、3年間高校で学んで目標を下げるのは非常に残念である。そこで生徒一人ひとりがワンランク上の進路実現を達成できるように生徒自身はもちろんのこと教職員や保護者にも支援してほしいと事あるごとに説明してきた。うれしいことに年度途中から「ワンランク上の進路実現」という言葉が生徒から聞こえてくるようになった。

(2) 校長からの挑戦状

　管理職になり専門教科（数学）の生徒への指導がほとんどなくなり、少しさみしい思いをしていた。そこで思いついたのが「校長からの挑戦状！」の企画で数学の問題を全校生徒対象に出題し、終業式で正解者に校長賞を授与することである。全校生徒対象ということで少し難しい問題を

出題した。内容は中学校の範囲であるがなかなかの難問で、私が数学の教諭時代に歴任校で出題したが正解者は出なかった問題である。正解者はしばらく出ないだろうと高を括っていた（当初1回で終わる予定）が、正解者が出たのでシリーズ化して実施した。結局、1学期3回、2学期3回の6回実施し、それぞれの終業式で表彰した。積極的に数学の問題に取り組む生徒が多数おり、とてもうれしく私自身も楽しむことができた。

2　教職員・生徒・保護者等に語り続けてきたこと

(1) 好きな言葉「高い志を掲げ信念を持って努力する」

　教職2校目の生徒向け講演会で、講師（本県出身の愛知県で会社経営）が「ただ努力するだけではだめ、『信念を持って努力する』ことが大切であり、そうすることで自分の高い目標（夢）が実現する」とお話しされていた。とても印象に残り私の好きな言葉となり、「高い志を掲げ信念を持って努力する」ことの大切さを様々な機会に話をするようにしている。目標を決めたらあきらめず最後まで信念を持って頑張れば、必ず夢（目標）が達成される。

(2) 生徒の心に火をつける

　「凡庸な教師はしゃべる。良い教師は説明する。優れた教師は示す。偉大な教師は心に火をつける」（ウィリアム・アーサー・ワード）の名言があるように、教師はいかに生徒の心に火をつけるかが重要である。特に、高校時代は肉体的にも精神的にも非常に伸びしろのある時期である。あまりやる気のなかった生徒が、あるきっかけから心を入れ替え本気で頑張ったおかげで非常に高い志を達成した事実を多く見てきた。教職員は、いかに一人でも多くの生徒にやる気のスイッチを入れることができるかが重要である。

3　今後の日本教育、高等学校の教育で重視すべきだと考えること

(1) グローバルとローカル

　近年、グローバル社会が急速に進んでいる。情報や交通手段の発達に伴

い、世界は非常に近くなり、人や物の移動に加え情報の流れが速くなっており、今や瞬時に世界のニュースがわかる時代である。今では、日本人も多くの方が海外での勤務や観光と外国を訪れている。

　このようにグローバル化が進めば進むほど重要になることは、会話の手段である語学を学ぶことはもちろんであるが、ローカル（自国、地域）の文化・歴史・自然など様々なことを知ることである。これからますます世界各国の人々と会話や議論の機会が増えるが、日本人として何を伝えていくのかが問われている。高校教育においても日本人として世界の人々と対等に話ができ、お互いが共存していけるような人材を育成していく必要がある。

(2) **AI（人工知能）への対応**

　近年におけるAI（人工知能）の発達するスピードが加速している状況にあり、近未来を予測することがますます困難になってきている。わずか5年で未知の職業が60%になる時代だとも言われている。なくなる職業・残る職業も数多く報告されている。

　AI（人工知能）がどこまで発展するのかわからないこのような時代に、高校教育はどうあるべきであろうか。現在、存在する職業の中にも我々の高校時代にはなかった職業が数多くある。スピードの差こそあれ時代の進行に伴い、職業は変化していくものである。しかし、いつの時代でも新しい職業に対応できる人がいる。そのような人は、生徒・学生時代にしっかりと基礎・基本を身に付けてきたからこそ新しい職業に対応できたと思う。

　先行き不透明な時代を逞しく生き抜いていく生徒に、高校教育は今与えられている基礎・基本を確実に身に付けてあげることが重要であると考える。若者には、どのような時代が来ようともたくましく生き抜いていくことを切望する。

多様な人々との出会いが
リーダーの基礎をつくる

元熊本県立第二高等学校校長　前帝京大学教授　**中原博明**

1　我が国の教育の現状分析

　昨今の社会は、内外を問わず、まさにグローバル化時代である。たとえば世界共通言語の英語を小学校から導入するなど、「世界はひとつ」と言われる。

　そして社会のシステムや考え方はもちろんのこと、あらゆる事柄が日進月歩状態となった。AIはその代表例である。しかし、グローバル化はグローバル人材を必要とし、教育現場にそれを求めてきている。

　考えてみれば、グローバル化の根底には"世界的評価"とか"英語の習熟度"が挙げられている。そのため、人生において"自己の発見と想像"が重要な過程のようである。このことは、多様な世界の人々とのつながりへと発展し、共に問題解決への道となることではないだろうか。そこで、近い将来若者達は、より積極的に海外へ留学を行うことが重要な要素の一つとなるであろう。

　教育についても同様に、時代とともに教育制度やその内容が世界的規模でスピード化され変化している。その例の一つが我が国の教育制度であり、大学入試の変化である。たとえば大学の場合、新しくAO方式や推薦制の大幅な導入が進んでいる。しかし問題もある。大学の多くがその名声もあるが悪く言えばむしろ大学経営に主力があると言えなくもない。このような状況の中、学校側はどのように対応すべきかや、今の若者達が納得し、満足してくれるかが大きな課題でもある。

2　校長すなわち職場のトップ（リーダー）としての視点及び座右の銘

　校長の基本は"責任感"であると同時に"人柄"であると考えている。

それを分析すれば、誠実さ、素直さとなり、それを土台として温かさと潔さが生まれると考えている。結果としてそこからリーダーとしての哲学が養われるのである。

　今一歩深めれば大きな要素がある。それは"信頼される校長"となる。校長としてのテクニックや方法論を学ぶことも大切だが、それ以上に品位・品格を高め、流行やマスコミの情報等に踊らされず人間的成長を遂げることが大切である。具体的に言えば校長自らが先頭に立ち何事も率先垂範することも大切であり、その行動や勉強が教職員初め学校全体に広がるのである。

　また生徒に対する指導も同様で、校長は自分の考えをわかりやすく率直に話すことである。それは生徒にとって校長が最高の存在であり、何を話されるか最大の関心事だからである。

　そのために私は常に"座右の銘"であった「言志四録」の「三学の教え」を取り上げた。作者は幕末の儒学者佐藤一斎先生であり、その中の一つの「言志晩録」であった。その内容は「少にして学べば……」と言うものでいかに若い時の学問が生涯大切であるかというものだった。

　教職員、生徒にとって心に残る財産だと思う。

3　将来、学校のリーダーを目指す者への指導

　まず、指導する校長自らが、「校長とは！」という"理想像"を持っていなくてはならないということである。なぜなら今後リーダーを養成するには校長としての大きな責任があるからだ。

　そこで校長として第一に実行したのが「人との出会い」、すなわち、いろいろな考えを持った人、社会的に認められている人、その他色々な考えを持った人、たとえば、生徒の保護者や地域の人達など、幅広い角度ある人々との接触により一つの教育感性（方向）が生まれると信じ指導してきた。

　具体的には、生徒指導面では、保護者の考えや担任との検討会等々、また進路指導面では他校視察（目的を明確に）を積極的に行い具体的方法を

学ぶようにした。これらの結果、積極性や意欲や情熱が高まり、他の教職員や生徒までに大きな変化が出た。

次に、読書指導にも重きを置いた、どんな本を読んだらよいか、などであった。具体的には幅広い読書（歴史書、人物書、伝記書等はもちろん）によってあらゆる方面に目を向ける指導を行った。

これらのことは、素晴らしいリーダーの基礎として役に立つこと、まちがいないと信じている。

一方、日々の生活ではきめ細かな気配りを行い、校長以上に校内に精通することが必要である点も、事あるごとに話してきた。

4　教職員・生徒・保護者に伝えてきたこと

昨今の教育内容が刻々変化していることを真剣に受け止めるべきであることを自ら受け止めてほしいという指導を重点的に行った。

たとえば、生徒や保護者の考え方の変化、教職員の職務や手順（コンピュータ使用）の変化などを十分理解する必要があることなどを常に話題とした。このことは時代遅れにならぬということであった。

しかし一方では、私の教育理念でもある「不易と流行」、このことは教育にもあてはまると信じ理解させた。それは"人としての心"（人の道）、また古来から伝えられた日本人としての姿（品位品格など）も欠かせない事柄と考え教育に当たった。

そこで、三者（職員・生徒・保護者）は常に一体でなくては真の教育は成り立たないと考え、学校の情報や校長の考えをプリント等して広く知ってもらった。また保護者会（学年会を含む）は年数回（学期ごと）実施し、学校の教育方針や実態を十分理解してもらった。

この結果生徒や保護者から信頼されいろいろと協力をおしまず学校運営はスムーズであった。なお、進学校であっても他校同様厳しいしつけ教育に力を入れ、人としての基本の大切さを理解させた。その一つが、遅刻のゼロや昼休みの有効な活用（健康体力、勉学の切り替え等）で、生徒自ら積極的に行動することが可能となった。

5 校長として"危機管理"として配慮・留意し、取り組んだこと

　昨今の社会(国内外)や教育の現状を見た時、少子化や情報化・グローバル化の進展等、急速な変化や複雑化には目を見張るものがある。しかし、そのような社会状況の中にあるにせよ、学校教育があまりにもその渦に巻き込まれすぎてはいないだろうか。

　当然、同時に生徒・保護者・地域の考えも変わってきた。そこで、学校教育を預かる校長は当然あらゆる事態を想定し、危機意識を持つとともに、それに対応する責任と心構えを持っていなくてはならないのである。

　たとえば、生徒の事故はもちろんのこと、教職員による事故、さらに差別発言や生徒同士のトラブル等々、常にその対策と覚悟を持って日々送ることは当然である。そこで、まず校長の意識の問題がある。それは常に教職員と統一見解を持ち、常にあらゆる事態に対する指導助言を行うことが基本となる。

　そのために、たとえ小さな事柄でも見過ごさず教職員全員で取り組む、という指導を実施した。また生徒指導では、①高校生(自分の学校も含め)としてのプライドを持つ、②校則を確実に守る、③自分の目標に対し常に努力する、④授業中の態度、⑤友人との交わりの大切さと高校生としての自信、など、集会ごとに指導した。

　その他、家庭や地域の協力、PTAの方々にも機会あるごとにお願いをした。その内容は、一般社会としての道徳、人として守らねばならぬことなどを中心とした。

　万一問題が発生した場合の対応として、以下の(1)～(3)は特に注意した。

(1) **校内での発生の場合**

　たとえば、教職員と生徒間、生徒同士の場合の対応として、生徒指導部に任せず、ただちに管理職に報告させ、その対策を行った。

(2) **対外的の場合**

　たとえば、保護者と学校、マスコミ、地域と生徒などに問題が発生した場合、具体的には自転車のルール違反や他校生とのトラブル等々、特に校長中心に管理職が早急に対応することとした。

ただし、その背景に問題があると考えられる場合、特に早期の対応を誤ることのないよう十分注意した。

(3) 教職員の不祥事やその他の事故等の場合
　常日頃予期せぬことが多く、その場合もろもろのケースごとに対応を箇条書きにしたものを管理職は携帯することにした。

　このように校長は想定外の事故や事件に対し、どのように対応するか心が休まる時はないと考える。しかし、これが最高責任者の任務であると日頃から心しておくべきである。

6　今後の日本の教育、国民の教育、幼小中高大の教育で重視すべきこと

　これまで我が国の教育は、個性重視とか知徳体のバランスの取れた人間教育等々言われ、国や県さらに各教育機関で教育課程をはじめ色々と取り組んできたが、かならずしも全てが成功しただろうか。

　社会の変化や人間の考え方の変化等から人間教育の基準が変わってきていることはいなめない。

　ところで、現在、グローバル化が進み、広い視野で世界を見る時、児童生徒は自ら進んで自分の将来を考えなくてはならない時、学校は変わっているだろうか。

　校長の考えが変われば、教員も変わる。すなわち与えられた教育（受動）から自ら考え進む（能動）時代を作らねばならない。

「学力を含めた人間としての総合力」を育む学校経営

元長崎県立佐世保南高等学校校長　現長崎県・こころ医療福祉専門学校校長　**藤原善行**

「一つの仕事をやり遂げた」という安堵感があり、一抹の寂しさも実感した定年退職から10年が経過する。これまで、県立高校、私立高校、そして、専門学校とお世話になってきた。あらためて、福沢諭吉が言う「世の中で一番楽しく立派なことは、一生涯を貫く仕事を持つことである」という言葉の重みを身に沁みて感じているところである。

1　私の学校経営

私の「教育三信条」を教育の基本に置きながら学校経営に努めてきた。

①人には、人の数だけ、夢がある。
②人は誰でも、この世に意味をもって「生」を受けた存在である。
③人生とは「自分」を生きること。より善く生きるとは、より自分らしく生きること。

こうした思いや願いを持ちつつ、どの学校においても、「めざす生徒像」は「学力を含めた人間としての総合力」を育むことであった。具体的には「確かな学力」、「豊かな人間力」、「逞しい体力」の育成を意図して総力を注いで取り組んできたつもりである。特に、次のことに心がけた。

○決められたことを大過なくこなす「運営」ではなく、問題意識を持って事を観て創造的な仕事をする「経営」を心がけた。
○学校経営の基本は「安定・安心・安全」にあると考え問題処理を主とする「課題解決型学校経営」から「課題発見型学校経営」をめざした。
○判断に迷ったら「生徒にとって」という視点に立って考え、ぶれない決断を心がけた。日頃から教頭は判断、校長は決断の対応を旨とした。
○「仕事は、みんなで100点」をスローガンに掲げて、取り組んだ。

○職場は、指示・命令を受けたことをする「労働」だけではなく、教職員がより善く生きるための「実践の場」であると考え、「仕事」をする所でありたいという思いを持って努力した。

○教職員には、問題意識・当事者意識・経営者意識の三意識の持主であることの大切さを説き、「組織として機能する学校づくり」をめざし続けた。

2 教職員に期待したこと──自作『新婆心集』から抜粋
(1) その一　教師像
○教育活動における教師は、デザイナーでなければならない。

○教育とは激励である。生徒への愛、つまり、教育愛は教師自身の修練による。

○指導とは「指導し抜くこと」である。生徒に変化を起こすべし。

(2) その二　服務
○日頃から、「報告、連絡、相談」は仕事の隠し味と心せよ。

○何事も催促されることは恥と思え。

○会議は、肯定から入れ。そして、人は善意で解釈せよ。

(3) その三　学習指導
○授業はチャイムに始まって、チャイムで終わることを旨とせよ。

○授業は教師のいのちである。教科指導を通して生徒の将来に責任を負う気構えを持って臨め。

○学校は学ぶ所である。成功も学習、失敗も学習である。

(4) その四　生徒指導
○生徒指導の指導効果は、生徒との人間関係に比例する。

○怒るな。叱れ。そして、心の中には三分の余裕を持て。

○些細な機会を大きく捉えよ。すべては危機管理に尽きる。

3　私の教頭職の経験から言えること
教頭は校務の指導者であり、校長に向けた顔と職員に向けた顔を持った

存在と言える。泣き笑いの多い職であり、その皺の深さが大切である。
　教員の指導には、公正さを持ち、清廉さを大切にして、事に対し気迫を滲ませた教頭であることが大切である。また、日頃から傾聴の姿勢と信念を持ち、校長の「静の職」に対し「動の職」として行動と点検の姿勢を持つ教頭であるべきである。また、校長の補佐をする場合、職員は教頭の後姿を見ている。その後姿で教頭が何を語るかである。「敬意」（校長への追随する姿勢）、「明晰」（状況把握、事案処理）、「読み」（決断者である校長の迷いを救う姿勢）が求められる。もちろん、自分の職をかけた責任感、イエスマンにはならないという主体性、どんな場合にも校長に代われる代理・代行の備え等が、校長の安定と教育の安定をもたらすと言える。

4　今、改めて思うこと

　○教師には知識・技術を学ぶだけでなく、発想力と創造力が必要である。
　○仕事のプラス思考は自分のためにプラスか否かではなく、自分がしている仕事にプラスになっているか否かの価値判断が大切である。
　○職員の気心を掴み仕事の管理に努め、苦労を上回る達成感を喜びとる。
　○「解答は現場にあり」の思いで、「動く自分」であり続ける。
　○管理職の条件は、理念・決定・行動・情熱である。
　○基本的には、「教員」ではなく「教師」であることを生きがいにする。
　○自己投資を惜しまず、何事にも誠意を込めて取り組む姿勢を持つ。

　学校経営には、「経営理念」・「競争戦略」・「現場力」が不可欠である。現場力の低い学校は結果を出せない。現場の諸問題を当事者意識を持って解決する意欲と強靭な足腰が欠かせない。確かな学力の向上、豊かな心の育成、信頼される学校づくりはもちろんのこと、少子化、生徒・保護者・社会の価値観の多様化、教育の質の向上、大学全入時代の到来、経済不況と雇用不安、国際化時代等への対応を考えれば、指導者の意識改革、視野の拡大、世界的視点等での関わりが必要な時代になってきたと実感している。

第4章 未来を担うリーダーたちに伝えたいこと――変革の時代に向き合って

変化の時代に校長はどうあるべきか

元佐賀県立致遠館中学校・高等学校校長 **森永和雄**

1 はじめに

社会が激しくかつ急速に変動している今日、教育界に求められる課題はかつてより格段に難しい状況にある。その中でたくましく生き抜く力を備えた子どもたちの育成に努力されている管理職に、私の校長職13年間の実践を踏まえて三つの観点から「校長の姿勢」について記したい。

2 校長として心がけてきたこと

学校の基本的なスタンスとして、生徒が「この学校に入学して良かった」、保護者が「この学校に入学させて良かった」、職員が「この学校に勤務して良かった」と、あらゆる場面で自己が大切にされていることを実感できる学校経営を心がけてきた。

その姿勢の中から5点をあげる。

(1) 教育者として、「教育をしてやっている」という「おごり」の意識を厳に戒め、生徒や保護者に「おもねる」ということではなく、年下であっても、たとえ身体にハンディがあっても、人格を尊重し互いに思いやる意識を持って教え育む。

(2) 教育の対象である生徒たちは、親にとって子宝であることはもちろんであるが、同時に社会全体の共有財産であり、その教育を信頼して委託されていることを肝に銘じて教育にあたる。

(3) 教職員と生徒・保護者に学校の明確なビジョンと目標を示し、そこに至るまでの道筋を明らかにする。教育課題への取組みはスクラップ＆ビルトで臨むのが成功の秘訣である。

(4) 校長が変われば学校が変わる、とよく言われる。しかし、校長のリーダーシップとトップダウンだけでは職員を統一して教育課題に取り組ま

せるのは至難である。そこで、その成否は「チーム学校」として対処する組織マネジメントをいかに確立するかにかかる。
(5) 教育界ではややもすると自分の狭い世界だけで思考しがちである。積極的に異業種の方とも人脈を広げ、その交流を通して得た知識や他者の力が発想の転換や思いもよらぬ問題解決の方策を可能にすることがある。

3　危機管理対策として配慮・留意してきたこと

学校では思わぬ時に自然災害を始めとして登下校時・授業中・部活動中などの事故、人的トラブルやクレーム処理など緊急の対応が求められる。危機管理の対策については、発生した場合の対処の仕方をシュミレーションしておくとともに報告・連絡・相談の徹底を図り、確固たる姿勢のもとで組織として対応することである。

特に下記の点に留意した。
(1) 学校だけで穏便に解決を図ろうとするのではなく、必要に応じて関係諸機関などにも相談し助言を求めることを憚らない。
(2) 学校に非があれば取り繕うことなく率直に認めて謝罪を躊躇しない。
(3) マスコミ等への対応では、記者との最初からの一問一答形式の取材よりもこちらが意図する内容をあらかじめペーパーにして配布し、それを使って説明するのが誤解を招かない方策である。

4　今後の日本の教育に期待すること

我が国の戦後教育は、教育の量的拡大と教育水準の向上によって経済発展の原動力となった。この経済成果主義による一元的な価値観が学校教育にも反映され画一的な知識偏重教育となった。併せて、物質的な豊かさと効率の追求が、何より主体的であるべき学び方や生き方についても受動的な姿勢を容認してきた。しかし物質的に豊かになるにつれて、若者の非行は増加し、モラルも低下、指示待ち人間が多くなった。これらの解決を図るために様々な教育改革が試みられてきたが未だ展望が開けていない。

今日の世界はグローバル化するとともに変化が激しく価値観も著しく多

様化している。世の中がいかに混沌としていても学校教育では知識をしっかり身に付けさせることは最重要であるが、今後の日本の教育を考える時、教育者や保護者・社会の意識改革によって、子どもたちの「主体性」をいかに身に付けさせるかが待ったなしの課題である。

(1) これからの激動の時代を生き抜くには、これまでの受動的に生きればよかった時代は終わり、自らが主体となって困難に立ち向かう重要性を子どもたちに自覚させなければならない。併せて、他者の痛みが理解できる温かな心、美しいものに感動する心の涵養が必須である。
(2) 教育の原点は家庭や地域にある。しかし価値観は多様化し、少子化による過保護や過干渉、生活様式の多様化による親子の触れ合いの減少・無関心、地域社会の人間関係の希薄化など家庭も地域も従来あった教育力が喪失している。今や、保護者・教師・地域社会の手による教育環境の再構築が求められており、あらゆる場面で信念を持って子どもたちに対峙するとともに自らの確固たる生きる姿勢を見せることである。そして、自己の幸せは誰かがつくってくれるものではなく、自ら切り拓くべきものであり、そのために今何が必要かを自覚させる場を設定することである。
(3) 教育者は何より人間としての総合的な力量と教育への情熱を持ち、教育の専門家としての研鑽を怠らない姿勢が必要である。教育活動の全てにおいて「知識注入型」から「問題解決型」への指導の転換が求められる。

5 おわりに

世界は混沌とし先行きも不透明である。しかし、今の若者たちが数十年後には確実にこの世の主人公になっている。そのとき彼らが何を考えどのように行動しているかは現在の教育にかかっている。その使命を考える時、教育者の役割と責任は、子どもたちを限りなく大切に思う心と教育への情熱によって果たされると考える。

学校力、教師力向上を経営の柱に

前北海道旭川西高等学校校長　現日本体育大学附属高等支援学校教諭　**今井　悟**

1　はじめに

　教職に携わっている皆様におかれましては、変化が激しく厳しい時代の中にあって日本の未来を支える子供たちの教育の充実・発展に活躍されていることに敬意を表します。私は、2017年の3月に公立高等学校を定年退職し、現在は北海道網走市に開校した私立の高等支援学校に勤務しています。

　以下に述べることは、私が38年間勤務した中で感じ、実践したことの一部です。少しでも皆様のお役に立てれば幸いです。

2　高校の管理職を経験して

(1) 学校経営者としての校長のあり方

　私は、これまでに多くの教頭や校長に接し共に働きましたが、振り返って考えると、教職に携わる人といえども人柄は千差万別でした。校長は部下である教職員にとって「人間的な魅力のある存在」であるべきであり、校長だからこそ人格を高める努力が必要です。

　また、校長に必要な力は課題の的確な把握と分析、その学校に何が必要かを判断する力だと思います。それを備えるためには、マクロとミクロの視点を持つことが大事であり、それが教職員のやる気や向上心を引き出すリーダーシップの一つであると考えます。

(2) 重要な年度当初の経営方針等の表明

　管理職は短いサイクルでの転勤があると思います。年度初めの会議で学校経営方針やビジョン・イメージを明確にわかりやすく提示し、学校改善に対する強い意思や新しい時代にふさわしい学校づくりに対する情熱を訴えていくことが必要です。

(3) **学校力・教師力の向上に向けて**

　現在、「学校教育力」の向上を図る創意工夫や創造性への期待が、ますます高まっています。学校力とは「子どもたちをより良く育てるために学校が組織として機能する力」で、そのためには「教師力」を高めることが必要です。学校力の向上において管理職の持つ影響力は大きく、校長のリーダーシップは必要不可欠です。また、教職員の人事は校長の思うとおりにはいきませんので、現有の教職員がどうすれば有効に働けるのかを考えることが管理職の役目でもあります。

　個人面談を活用して、教職員の持っている個性や力量を最大限出させる工夫が求められています。

3　行政経験を経験して

　38年の教職経験の中で、行政職員を10年経験しました。そこで経験したこと、感じたことはその後の管理職としての仕事をする上で役立つことが多くありましたのでふれてみたいと思います。

(1) **生涯学習の理念に基づく学校経営意識が必要**

　教育は、学校教育だけではありません。人は一生涯学び続けることが大事であり必要です。学校は次の教育機関へ進学するために知識を得るだけではなく、その後の人生をいかに豊かに生きていくかの知恵を育むところでもあります。

　私が、特に教職員に訴えてきたことは、コミュニケーション力とプレゼンテーション力の育成、自己表現や自己主張ができる人間の育成です。生徒が知識を学び、課外活動などから自分らしさを追求していく中で生み出される知恵や想像力が、結果として生活の豊かさにつながることを意識することが必要です。

(2) **家庭や地域社会と連携・協働する学校経営**

　知識とともに必要な「豊かな心」と「たくましく生きる力」の育成が教育の命題であり家庭や地域との連携・協働が重要です。学校は、保護者や地域への説明責任を意識し、ボランティア活動や福祉教育、学社連携・学

社融合など、地域社会とつながる視点が必要です。

　また、教職員には生徒を育むこと以外にサービス業的な一面が必要であることも認識させることが必要です。

4　今日的課題を意識した学校経営
(1) 特別支援教育に対する共通理解と校内体制の確立

　現代は、進学校でも心や身体に対して特別な配慮を必要とする生徒が入学してきます。特別な配慮を必要とする生徒への対応を意識した、校内体制の確立を意識した学校経営が必要です。

(2) 外部からの指摘や批判に対応するために

　教育の成果や効果を数値化するなど、費用対効果を意識した学校経営が必要です。常に外に目を向けた学校経営感覚も必要であり、正当で客観的な根拠を持つことが必要です。そのためには、学校教育に関わる法令や制度への理解が必要です。法律や制度の理解は学校経営マネジメントの「武器」となり、コンプライアンスの意識保持につながります。こうした知的な備えは「いざ」という時に学校や生徒、教職員を守ることにつながります。

5　校長としての基本姿勢

　教員は未来ある子どもたちに対し、知識や知恵を教え育み、夢を語るなどして人格の完成を目指すといった崇高な志を持っています。校長は学校課題を的確に把握し、学校づくりに独自の理想を持ち、それを実現したい夢として語り、教職員と夢を共有して、達成に向けて教職員の意欲を高める必要があると思います。特別支援学校に身を置く立場として、共生社会を目指したインクルーシブ教育を普通教育の中でも推進していただくことを切に期待しています。

3人の校長の実践とその思い

元沖縄県立知念高等学校校長　**神谷　孝**
元沖縄県立コザ高等学校校長　**狩俣幸夫**
元沖縄県立開邦高等学校校長　**與那原苓子**

上記の三人がそれぞれの実践とその思いを分担して書いてあります。

1　校長として肝に銘じたこと

校長として、学校改革や何か新しいものを成すときに「天の時、地の利、人の和」という言葉を肝に銘じながら取り組んだ。天の時というのは物事をなす時期やタイミング、地の利というのは学校の実態や地域の環境、そして人の和というのは、教頭をはじめ職員一人ひとりの得意分野や力量、チームワーク等である。この三つの点をしっかりと押さえて学校経営を行った。

2　危機管理対策等へ配慮と留意・取り組み事項

学校は、生徒が安心して学べる安全な場所でなければならない。そのために校長として、普段から様々な観点から危機管理のアンテナを高く掲げ、安心・安全な学校づくりに努めた。また、生徒には、危機回避能力を身に付けさせるよう、常に留意しながら取り組んだ。

①「学校安全管理の日」を毎月1日に設定した。普通教室、特別教室、体育館、プール、屋外等の施設・設備の点検表を作成し、各責任者を中心に点検を行い、破損箇所・危険箇所等には即対応した。

②校内研修における「学校防災システムを活用した避難訓練と防災教育」の実施に努めた。

③地方自治体等との連携による防災避難訓練を実施した。学校が海岸線に沿うように海抜4mの低い位置にあり、県が設置した緊急地震速報システムを有効に活用し、地震・津波等の防災訓練を地元の町役場と連携しながら毎年実施した。町全体で一斉防災訓練を行うために、教頭と防災

担当教諭を町役場の地震・津波防災訓練合同会議に参加させ、事前調整を行い訓練を実施した。また、その際、避難しながら隣接する保育園児の誘導等も支援した。避難訓練終了後は、全校生徒を体育館に集め、DVDを使って、例えば、東日本震災の映像を見せるなどして、津波の恐ろしさを実感させ「自分の命は自分で守る」教育の徹底を図った。
④登下校時における生徒送迎について、保護者の自家用車の校内への乗り入れが一部あったが、生徒の安全確保のため改善を図った。
⑤外部からのクレーム等は、窓口を原則として教頭一本にし、丁寧に応対し、事実関係を即刻確認し校長・教頭連携して適切に対応した。

(以上、神谷)

3　校長としての哲学・リーダーシップの視点

①人格的に尊敬に値する人間涵養に努めた。常に謙虚な姿勢で誠実・公平に接し、リーダーとして率先垂範した。校長としての力量や度量は、生徒・教職員を守り、責任をとることが肝心であると考えた。
②教職員個々の人格を尊重し、特にその人事異動には誠意を尽くした。
③本県（本校）教育の基本は、生徒個々の生活指導にあると考え、県内での模範校を目指し、達成した。
④卒業時の進路決定に重点を置き、進路指導には特に力を注いだ。
⑤課題を明確にし、その解決にいかに取り組み、成果を出すかが校長の責務と考えた。そこで赴任が決まった時点から学校の現状や問題点の把握に努めた。例えば、行政や前任者からの課題や宿題をはじめ、生徒個々の学力や進路実績・希望、保護者の意識や地域・卒業生等からの要望や期待等の情報を収集・分析した。その後、保護者の理解を得ながら、校長としての熱意とリーダーシップの下、全教職員が一丸となって取り組める明確な課題を設定し、その解決策に最大限の努力をした。
⑥具体的には、生徒の学力向上とより高い進路実現のため、家庭学習の定着化を図る目的で毎週の25分間テスト等の実施や、各種テスト・成績の掲示発表を行った。また、教師のやる気と指導力向上、意識改革で先進

校視察や講演会を数多く繰り返し行った。中でも宇田津一郎先生には学年単位や全体、学期ごとにわたって、また、職員や保護者にもその意識改革や意欲喚起のため講演をしていただいた。おかげで国公立大への合格者が増え、進路実績が向上した。また、校内に活気が出て、保護者の協力体制も整い、PTA総会参加者も90％を超え活動も活発になり学校運営を軌道に乗せることに役立った。

　また、当時、県教委の施策の標語に「凡事徹底」が掲げられるほど、生徒の服装や生活習慣が乱れ、社会的な問題にまでなっていたので、職員・保護者一体となって取り組み、他校の模範になるほどの成果をあげることができた。その中で、時には校長自らが前面に立ったことと、全職員・生徒に信頼され、校内でカリスマ的な存在であった教員と校長がタッグが組めたことが大きかったと思っている。

　部活動は伝統的に活発で、過去にも県内外で顕著な実績を挙げ、地域や学校の誇りでもあった。先の生徒指導と絡めながら、模範生徒となる部活動とその実績づくりのため、指導体制や施設面、資金面等、環境づくりに力を注いだ。その結果、高校総体の県連覇や県外への派遣が増え、学習成績も向上し顕著な成果が出た。

（以上、狩俣）

4　校長、副校長、教頭など学校リーダーを目指す方々に期待すること

①学校づくりのビジョンを長期及び短期的視点から明確に示しつつ、その視点から学校の課題解決を図るよう具体的方策を持って取り組むことが大事である。

②生徒にとって学校の果たすべき役割は、生きる力を育む基盤となる「学力の向上」、学級や生徒会及び部活動等を通して協働する力を養う「特別活動の充実」、望ましい対人関係を築き人としての在り方生き方を身に付ける「心の教育の充実」に尽きると思っている。

　以上3点を学校経営の3本柱に据え、次代の要求に応える人材育成の

ための創意工夫が求められる。
③学校の説明責任としての「シラバス」を整備した。各教科ごとの年間授業内容、目的、到達目標、評価方法等を明らかにし、時数を確保し確かな学力の向上を図った。

　一人一人の生徒に、勉強の道筋を付けてあげられるよう教師は生徒を授業に参加させ、学習への内発的動機付けが図れるよう授業の工夫改善を図った。

5　今後の日本の教育、国民の教育をはじめ、幼稚園、小学校、中学校、高等学校、大学等の教育で重視すべきだと考えること

①学力向上の観点から各教科における「基礎的・基本的事項の定着」、生活指導の観点から「家庭学習の習慣づけ」等を、学校・地域社会が一体となって取り組む必要があろう。
②2020年度の大学入試改革の実施や2022年度の新学習指導要領の実施など、従来にない大きな変化の波が迫っている。高校教育はAIの進化に伴い、一層のICT、情報化、グローバル化、少子高齢社会の到来等々に対応しうる知識・技能をいかに育てるかを重視した教育が大切だと考える。
③教師は、未来の人材育成の任を負っている。常に「変化への対応」を心掛け、先進事例等を多く活用して校内研修を充実した。生徒の従来型の問題解決力を重視しつつも、思考の幅を広げ問題を多面的に見て大局的に情報を取捨選択する力を育て、学習の質を高めることが大切であろう。特に入試等への対応では不可欠であると考える。

（以上、與那原）

第4章 未来を担うリーダーたちに伝えたいこと——変革の時代に向き合って

学校は「背中を押してくれる場所」であってほしい

前福島県立白河高等学校校長　**太田　孝**

　現在、高校においては、新指導要領、高大接続改革、三位一体の改革等、様々な改革が進められつつあり、それらへの対応あるいは先取りが喫緊の課題となっています。この時期に教職に携わり、特に学校長として一校を預かる身であると、これらの改革に対し真剣に取り組もうとすればするほど、「高大接続改革…まったく…」と言いたくもなりますし、実際に、今年、そういう賀状をいただいたりもしています。このような中、私自身の立場として何をすることができるのかと考える時、目線を上に向け、そして前を向いて、実際に高校生が「背中を押してくれた大切なあの場所」として、本校が記憶されるような学校にしていくことが重要と思っています。

1　教職経験と現在の思い

　昭和50年代に福島県公立学校教員として採用されて以来、現在に至るまでに12カ所で勤務してきました。勤務先としては、ほとんどの生徒が大学進学を目指す進学校もありましたし、教育活動において困難を感じるような学校もありました。学科としては普通科が中心ではありましたが、商業科、農業科、家政科が設置された学校、定時制の学校を経験をすることもできました。また、教育行政にも携わりました。

　これらの経験を通して、私自身が痛感しているのは、学校そして教育活動というものは生き物であり、時々刻々に変わっている面があるということです。私自身、様々な勤務先に赴任する度に、赴任前のイメージから大きく変わることも数多くありましたが、「学校で一番良いのは、それは生徒。二番目に良いのは、先生。三番目には、恵まれた施設、設備、環境が整備されている」と言えるような教育の場を目指してきました。

　私自身、専門とする教科は国語であり、特に、常に好奇心を持って学び

続けようという意志・意欲とともに、言語能力、コミュニケーション能力が、人生の基盤となっていることを痛感することがしばしばありますし、高等学校には、学校と社会との接点という役割があると感じています。人生百年の時代といわれますが、高校生が生涯にわたって学び続け、成長を続けていくための基盤として、基礎的な知識・技能とともに、思考力・判断力・表現力、そして将来、実社会に出て働くことを視野に入れて、学びを人生や社会に生かそうとする「学びに向かう力・人間性等」を育成していかなければいけないのは当然のことでもあります。

2 高校における「学び」の「意味と意義」

　努力や苦労というものは大変であっても、長い目で見れば、結局、その努力や苦労はひきあう、あるいは元が取れるということを学校の教育活動を通して実感できれば、今後、人生における「学び」が有効になります。

　人間は、自らの意志で自分の運命を切り拓いていける唯一の存在です。その運命を切り拓くためには、絶対にくじけることのない志を持ち続けることが大切です。場合によっては、その志は、周囲からはまさに夢物語、かなうはずのない高望みに映るかもしれません。ですが愚直なまでに夢を抱き続けることで、大きな夢は実現します。その一方、志をかなえる手立てはしっかり実行しなければならないということでもあります。その時に、自分の努力の跡を誰かに認めてもらうことが大変な励みになります。

　専門とするものがどの教科の先生であっても、自分の教科の枠だけではなく、「進路指導、学習指導、生徒指導の三位一体の指導」があってほしいと考えています。このためには、具体的方策として「①学び方自体こそが、『学ぶ力』の中核であり、教師と生徒が一緒になって考える、②教師と生徒が互いの考え方や存在を気にかけ、目をかける、声をかけることを日常的に行う、③教師と生徒、あるいは生徒相互が、互いにやったことをプラスに評価できるポジティブな姿勢」が学校文化に根付いてくれたらいいと願っています。

　現代は、ペーパー試験上の「学力」以上に、変化する社会にあわせ、柔

軟に「学ぶ力」あるいは「学び続ける力」こそが重要です。そのためには、学校の教育活動全般を通して、「①基本的な部分での他者への信頼感　②根源的なところでの真面目さ　③職業人としての成長を支える基本的学力」を身に付けさせることが必須だと考えています。

3　我々には「子どもを世の中に送り出す責任」がある

　我々は、つい、学校の生徒について過度に抱え込もうという姿勢を持ってしまいがちです。一方では、多様な生徒の存在や、多様な学びの在り方・成長の仕方を忘れ、教師側の視点から、生徒に対し、「問題のある生徒」、「手のかかる生徒」というレッテルを貼ることもあります。

　トーマス・エジソンは、小学校時代、本当に手のつけられないくらいの問題生徒であったそうです。そもそも、「１＋１」＝「２」に納得せず、まわりの大人を困らせたことは有名です。幸田ヘンリーさんの『天才エジソンの秘密――母が教えた七つのルール』中の五番目の「失敗は最高のレッスンである」の文中に、エジソンの言葉に「わたしは、今までに、一度も失敗をしたことがない。（失敗ではなく）電球が光らないという発見を、今まで２万回したのだ」というものがありますが、まさにこの事情を物語っています。

4　これからの時代の「学び」

　これからの時代は、今以上に変化がものすごく大きくなる時代だからこそ、一生学び続けることが必要になってきます。学ぶことは楽しいし、必要なんだということを高校生のうちに体験しておくと、変化の多い時代に対応できる力が付きます。そんな一番最初の土台の、学びの楽しさという部分を、ぜひ学生時代に味わってほしいと考えています。

　『ライフシフト――一〇〇年時代の人生戦略』のリンダ・グラットン氏の言葉をもじって言うなら、「自分をリ・クリエーション（＝再創造）する時間を、自分のレクリエーション（＝娯楽）としよう」というふうにできればいいなと思っています。

リーダーを目指す方々へ

元島根県立松江南高等学校校長　現松江北高等学校再任用教諭　**長野　博**

1　校長として思うこと

　教頭昇任にためらいが生じた頃、親しい方に「自分の出番だと思って一肌脱げ」と言われ覚悟を決めた。昇任試験の教頭の抱負は60歳の校長の姿を想像してまとめた。以降、校長としてやりたいこと、伝えたいことを意識して記録した。学校のために思うことは多い。「準備して、機を待ち、打って出る」。そのための日常的な記録、熟成、取捨選択が大切になる。

　校長が大切にすべきことは、預かった生徒の先々も考えて育てることと、学校の伝統を守ること、だと思っている。生徒の今は過去、現在、未来の流れの上にある。学校の特色化も必然性あってのことだ。特色化のための教育になっては本末転倒である。

　学校は勉強や部活動が厳しくとも、生徒が登校したくなる場所でなければならない。教員も同様だ。笑いが消え一体感が薄れた教室や職場環境で良い教育はできない。明るい学校づくりに腐心することは間違っていない。

　校長は世の動きに敏感でなければならない。全国校長会や各種研修、個人的情報網で得た情報をかみ砕いて教職員に提供するのだが、時流に乗った事柄には教職員が動く。校長は教職員の関心が薄いものこそ意識する。

　大きな船ほど急旋回できない。だから遠くを見る。一方でわずかなかじ取りが先々の大きな違いを生む。些細な工夫を軽視してはいけない。

　「それは生徒のためのことか。教職員のためではないのか」。生徒や学校のためと言いながら、教職員のためのものが散見される。視点を常に確認しなければいけない。「校長のためのもの」は特に気をつけたい。

　教員は変化を嫌う。すぐに変化しない生徒、すぐに表れない教育効果を実感しているからである。実は教員は授業や日々の業務の微修正を常にやっている。変化を嫌う体質として一括りに非難するのは適当ではない。労

力対効果を理解し、全体像と道筋が俯瞰できれば教員は動く。その段取りを管理職がしなければならない。企業30社を集めた企業ガイダンス、学校独自の学級増、異文化理解プロジェクト等、実践の一例である。

　学校広報は保護者、卒業生、地域に対する義務である。学校だよりは記事を写真で表現した。HPは行事の告知以外は新着情報欄だけを短文で、できれば写真付きで頻繁に更新した。大会結果や行事の様子が載るだけにし、手続きは簡便にする。でなければ教員の掲載意欲を削いでしまう。

　事務職員と教育職員の良好な関係を構築する。特に事務職員に教員の仕事を理解させる。教員の負担軽減は事務との連携がカギとなる時がくる。

　指導・助言で重視したことは相手の思いを聞くことと、私の考えを明確に示すことである。そして、口を出さずに見守り、せかさない。私にとって最も難しいことのひとつだった。

　教員の能力は様々だ。優秀な教員だけが揃っている公立高校はなかなかない。少々力が劣っても、ベクトルの方向が正しければまずは認めたい。多様な人材がいてこその学校でもある。

　校長と教員、生徒との間合いは十人十色である。教員がすべきことは任せなくてはいけないが、このことは校長が教職員や生徒との間に壁をつくることではない。上司が間合いと思っていても、部下からは溝に見える。校長は、教職員と生徒が見え、生徒からも見える位置に立たねばならない。

　歴任校で２～３週間ごとに1500字程度の校長メッセージ「平高の風」「南風」を発刊した。「私はこう思うが生徒諸君はどう考えるか」という問いかけが基本で、本稿の詳細版のようなものだ。教職員向けに語ったものも含め４年間で計99号になり、保護者の閲覧率は80％を超えた。最後は広告媒体ともなり、私の大切な武器となった。

　風通しの良い職場づくりと、管理職の情報共有が重要だ。また、校長にはリスクにつながりかねない事例を察知する能力が必要だ。教頭以下には一段上の立場で物事を考える癖をつけさせたい。

　何かあればすぐに県教委に相談する。県教委は親身に相談相手になってくれる。そして「逃げるな、隠すな、嘘つくな」は鉄則だ。

保護者対応が必要になる場合はPTA役員の協力を得る。子ども第一で筋さえ通っていれば、ほとんどの方は校長に協力的である。日ごろからの関係構築が重要であることは言うまでもない。

生徒には「礼節であれ」「理や正義を考えよ」「日本や世界の将来を語れ」の3点を求めてきた。その意図や詳細は限られた紙面でもあり割愛する。

教職員には「部員は部長のつもりで、部長は教頭のつもりで、教頭は校長のつもりで仕事をせよ」と言ってきた。企業人なら当然持ち合わせている意識だ。役職によって言うことが違ってきては信頼を損なう。

教員はもっと生徒に多くを語るべきだ。ある教員が生徒に毎日話すだけのネタがないと言った。通勤途中の風景を話すだけでよいのだが。

「読解力と論理力」は子どもだけの話ではない。上司の指示さえ読み取れないのでは課題解決どころではない。筋道を立てて考えられなくては先々を読むことができない。教員の報告書や発表資料は長いと言われる。要約もできずにどうやって教科の要点を教えるのか。

仕事の仕方には「自分でする、人にさせる、人がするように仕向ける、仕掛けを気づかせずに仕向ける」の4段階がある。工夫とは第3・第4段階で考えることである。

2　リーダーを目指す方々へ

早いうちに管理職を意識せよ。企業では当たり前に昇進を意識するが、教員は口に出さない。謙虚と勘違いしてはいないか。早く覚悟を決め、人とのつながりを大切にし、教育への思いとアイデアを蓄積せよ。必ず自分の支えになり生かされる。

外国語教育が重視されてきた。目指すはグローバル化への対応、英語を使って世界にはばたく人材の育成であるが、コミュニケーション能力と異文化理解、基礎学力と問題解決能力が不可欠だ。そしてこれらこそ今の日本の大きな課題であり、私の重点課題でもあった。自校でさえ十分なことはできなかった。次期リーダーの力で道が拓けることを期待している。

おわりに

　2003年6月に学事出版の花岡萬之氏（当時、出版部長、現副社長）と担当された坂本建一郎氏（当時、出版部員、現時事通信出版局編集委員）のご尽力で、全国の学校改革を実現された20名の校長先生方に、自ら取り組まれたことをご執筆していただき『実践的校長論』として、出版させていただいた。

　その後、15年ほどたったが、全国を訪問し、多くの校長先生方をはじめ、教頭先生、主任の先生方等とも交流させていただいた。また、全国高等学校長協会、全国普通科高校長会の総会、研究協議会等に、私自身の現職の頃から数えると33年連続で参加させていただき、退職後も、新たな学びを求めて、全国の校長先生方との交流を通じて、学校経営に対する情熱や努力、苦労話を伺い、考えさせられることも多く、課題を与えていただいたと思っている。

　特に、全国の県庁所在地や都市部から離れた地方の市町村、山間部などにおいては、人口減少となっているところもあり、高等学校の統廃合が進み、学校数のみならず、学級減の状況ともなっている。

　さらに、「はじめに」にも書いたように、学校の多忙化や学校予算の縮減も影響しているためか、全国高等学校長協会総会、全国普通科校長会総会等への出席者も以前に比べて、減ってきており、そこでの出会いも少なくなっていると感じている。そうした中では、私が経験してきたような、校長先生方の交流や情報交換の場が少なくなり、現職の校長先生方には、大変気の毒な時代にあるとも感じている。

　要職にあられ、退職された先生方にお話を伺うと、各県の退職校長会などにも加入しない先生がおられることや、加入されておられる先生方も、会合への出席者が減ってきているようで、人間関係の希薄さを嘆く先生もおられ、私自身も考えさせられるところが多い。

日本人の平均寿命は年々伸びてきており、まだこの先も伸びるという話である。校長先生方も今後、「人生100年時代」を迎えるに当たって、生涯を通した生き方・在り方について考えることが重要になってきていると私は感じている。こうした時代においては、生涯の生き方、生きがいの探求や、働き方においても生産性を高め、効率を上げていくことも、求められていると考えている。
　私自身、退職後もさまざまなご縁があり、多くの組織や学校で現職時代の経験を伝えながら、同時に、全国各地の先生方に学ばせていただき、刺激を受けることが喜びともなり、有難いと感謝し、後世のために少しでも貢献できる人生にすべく努力しつづけたいと思っている。

　私が現職で12年間にわたり、大切にしてきたことは次の通りである。参考にしていただければ幸いである。
(1) **現状維持は退歩。挑戦こそ前進である**
　現状を維持し、安全に無難に過ごすことに発展はないと考え、改革を選び続けた。ただし、改革には「抵抗」もつきものである。自己の保身を考えたり、言い訳をすることなく、多くの方々の意見は聞きつつも、自らの信じるところを大切にして、抵抗を行う者にも腹を割り、正面から当たってきた。また、常に責任を背負う覚悟と自覚を持ち続けた。
(2) **幅広い情報収集と学びを大切にし、自信を持つことができる努力を続けた**
　宮崎にとどまることなく、文部科学省や高等学校長協会、全国の先進的な取組をされている、全国高等学校PTA連合会など、全国を視野に収めた組織・団体にも足しげく通い、幅広い観点の情報収集に努めた。また、そこで学んできたことを、学校の管理職、主任、教職員とも情報共有し、皆で挑戦できるように自信をもって対応できるよう心がけた。
(3) **先見性、決断力、実行力、評価と反省を重視した**
　各学校には伝統がある。それを大切にしながらも、時代の変化や推移、生徒が生きていく将来を考え、目の前の生徒達が社会で活躍できることを

中心にすえて、学校運営に当たってきた。生徒、保護者、教職員にも日々、自らの考えを伝えて、どのように考えるかにも耳を傾け、共通理解が進む中で結束も固まり、反省すべきところは反省をし、評価をして、さらに新たな取組へとつなげていく努力を行った。

(4) **生徒一人ひとりの個性や適性を把握し、進路実現できるよう最大限の応援をした**

　高校教育の中心にいるのは、一人ひとりの生徒であり、教育が、教師側の論理でふりまわされないよう心を砕いた。また、そのことを保護者に向けて、PTA総会で語り続けた。生徒が学校に不適応を起こしたりせず、退学者も出さないよう、教職員一丸となって実践してもらった。私が校長を務めてきた中で、校長になった初年度に経済的な理由で中退（2名）を余儀なくされたこと以外は、その後、11年間、退学者はゼロであった。また、保護者にも学校の教育方針への理解と協力を求め、支援を常にお願いしてきた。先生方の努力と保護者の協力・支援、生徒達の努力に感謝している。

(5) **教職員自身の視野を広げ、意識を変える研修を重視した**

　校長自らの研鑽に加えて、教頭、事務長、教職員の視野を拡大することが重要と考え、予算作りに努めてきた。教職員に出張や見学を大いに勧め、生徒のためになるよう学んでもらった。また、学びの成果は個人で囲い込むことなく、プリント等にまとめて職員研修や職員朝礼で教職員に配布し、情報の共有に努めた。また、他県からの学校訪問には、どんなに忙しくても断ることはせず、積極的に受け入れた。こうした交流をする中で、他校の特徴や工夫を聞くこともでき、大変参考になり、学ばせていただいた。

(6) **PTAや地域関係機関との連携を大切にし、多くの知恵やヒントをいただいた**

　校長を務めた12年の間、すべての学校で、年1回のPTA総会、年3回の学年PTA会を実施し、総会は出席率98％以上、学年PTA会は95％以上を目標とし、ほぼ達成することができた。保護者の意見を聞き、学校の方針を理解してもらうことは、学校にとって最も重要なことである。学校

の方針を理解した保護者は、学校の最も強い「応援団」になる。地域関係機関との連携は、生徒を育成するための貴重な意見やヒントをもらえることにもつながり、ありがたかったと思っている。

　また、中学校との連携や連絡会等も推進し、高等学校の取組など理解してもらった。

(7) **危機管理については特に気を配り、未然防止への対策と対応を行った**

　生徒の登下校中の安全対策、学校行事、部活動、授業（特に、体育、理科、家庭科）での事故の未然防止には留意した。校内外では突発的なトラブルが起きる。教職員には常日頃からの報告・連絡・相談の重要性を伝え、徹底した上で、迅速な対応を行ってきた、また、保護者と連携するための連絡網の整備や活用も重視した。

(8) **学校行事、学習指導、生徒指導、進路指導等の各内容の工夫・研究と充実、効率的な運営を行った**

　生徒一人ひとりの個性を見据え、文武両道を推進するためには、効率的な学校運営が必要である。学習指導においては「わかる授業」「授業の効率化」を進め、量より質、将来を見据えた進路指導、特に、国公立大学における推薦入試の研究と推進、さらには基本的生活習慣の徹底や、学校適応のための工夫。主体性の育成や郷土愛、国際化時代における文化や感覚の理解など、毎年、工夫を重ねてきた。

(9) **生徒の中に入り実態を把握すること、教職員の将来を見据え、校長として指導する**

　校長自らが、教職員、生徒に語りかけ、授業、ホームルーム、学校行事、部活動に積極的に関わり、見聞きすることを大切にした。私自身、そこから学ぶことも多く、良い経験となった。教職員の職能成長にも心を配り、なるべく教職員が管理職の昇任に向けて活躍できるよう、学校全体として取り組むことを重視した。

(10) **校長は、決断力、責任の取り方が重要である**

　校長は、学校内外で起きるさまざまな困難な事態に対して、最高責任者として対峙しなくてはならない。そこでは腹の据わった対応が大切であっ

た。逃げない、言い訳をしない、責任を他人に転嫁しない、と心に決め、常に「辞表」を胸に持ちつつ、事に当たった。校長の姿は、常に生徒、教職員に見られている。あせらず、あわてず、どっしりと腰を据えていることが重要であると考えた。

　私自身が現職の時に心掛け、退職後に全国の先生方を訪問して学ばせていただいたことを踏まえ、今後、日本の教育に向けて期待することについて、いくつか、次に記してみたい。
・「人生100年時代」を迎えるに当たって、生涯学習や、退職後の社会貢献や生きがいつくり
・世界的な交流が本格化する時代における、異文化理解と交流
・郷土や日本の歴史・文化・伝統の理解（および外国の歴史・文化・伝統の理解）
・日本語教育の重視と話すことができる外国語（少なくとも１カ国語以上）、外国文献等の読解力の重視
・変化への対応力・適応力・困難な課題への挑戦と克服する力
・企画力・創造力・起業力・主体的行動力
・人と人との絆と連携。親子、親族の絆
・不易と流行、全体と部分、大局と小局、理論と実践のバランス
・地震、台風、津波等の自然災害や、火災、交通等の事故等に対する危機管理対策と迅速な対応
・学校と生徒支援のための教育財団の設立と運営や、寄付の確立
・生涯にわたるボランティア活動と社会貢献活動

　また、新しい高等学校の学習指導要領では、以下のようなポイントが示されている。
　・育成を目指す資質能力の明確化
　・主体的・対話的で深い学びの実現
　・各学校におけるカリキュラム・マネジメントの確立

今世紀に生きる生徒たちは、今後さらに、急激な社会の変化に対応しなくてはいけなくなる。人工知能（AI）やあらゆるものがインターネットにつながる（IoT）といった技術の進展が言われ、現在ある多くの仕事が、今後、機械にとって代わられることも言われている。そのために必要なことは、

- 生徒一人ひとりの個性、特に発想力、創造力を生かした学習
- 課題発見と解決策の追求
- 生徒への指導や支援の在り方
- 校長のリーダーシップによる教職員と一体になっての学校の特色づくりと具体的な実践

だと考えている。

　新しい学習指導要領を教育課程課長（当時）として取り仕切り、これからの生徒に向けて、力の入った内容を陣頭指揮して作成していただいた、合田哲雄先生（現・文部科学省初等中等教育局財務課長）には、ありがたいことに長文の論考をいただくことができた。合田先生には、人口知能の飛躍的な進化の時代においても、日本の学校教育がこれまで140年にわたり、重視してきた学校文化が大切であると指摘し、今、目の前にいる高校生に、どういった力を身につけさせるべきかを、実例を示しながら、具体的に示していただいた。なぜこれまでの高校教育の基礎の上に、「主体的・対話的で深い学び」を実現する必要があるかをしっかりと解説していただいたと思っている。

　また、高大連携の必要性とその実現の道筋、これまでの高校教育の実績の上に、何を発展的に継承して、高校生たちが、私たち大人を乗り越えて「出藍の誉れ」となるべきかを解説していただいた。大変ありがたいことと思っている。

　また、小栗洋先生には、全国高等学校長協会長及び事務局長として、全国の高等学校の代表、そしてその後は、全国の先生方を支える立場で、多くの貴重な資料や知見をいただき、深く感謝をしているところである。今

回、「刊行に寄せて」をご執筆いただき、全国の動向も見据えながら、大切なことは、それぞれの学校において、教員が校長の方針を受け止め、授業や生徒指導でその学校の生徒の状況に合わせた独自の発想を工夫して実践することだと明確に書かれておられ、大変参考になる指針を示していただいたと思っている。

今回ご執筆いただいた全国54名の現職および退職された校長先生方には、年末から年始の大変あわただしい中にご協力をいただいたことに、編著者としてご協力いただいた藤原善行先生とともに深く感謝を申しあげたい。藤原先生とともに、全国の先生方の原稿を読ませていただき、実践の努力の足跡を感じ、勉強をさせていただいた。私自身の現職の頃を思い出しながら、新たなヒントをいただくことができたと思っている。

今後、全国54名の先生方の結束と連携の絆が深まり、それが輪となり、広げていただき、大きな集団となって、日本の高校教育をさらに向上・発展させていただくことを期待し、今後の積極的な生き方や、社会貢献にもつながっていくことを願っています。

おわりに、出版を進めていただき、制作に当たって、多大なご尽力をいただいた、学事出版副社長の花岡萬之氏並びに編集部員の堀井啓吾氏にお礼を申し上げ、あとがきに代えさせていただきます。

宇田津一郎

《編著者紹介》

宇田津一郎（うだつ　いちろう）

昭和11年、宮崎県高鍋町生まれ。宮崎県公立中学校（八代）及び宮崎県立高校（高千穂、富島、妻）勤務後、県教育委員会指導主事（8年）、県立小林高校教頭（2年）を経て、県立高校校長を3校（高千穂、高鍋、宮崎西）12年間務める。県立宮崎西高校校長を平成9年退職後、㈱ベネッセコーポレーション、駿台文庫、県内外私立高校（4校）等の顧問・相談役等を務める。現在、教育機関顧問。旭川観光大使

現職中、全国理数科高等学校長会副理事長、九州地区普通科高等学校長会会長、宮崎県立高等学校長会会長などを務めた。

平成8年には文部大臣表彰（教育）、平成18年には瑞宝小受賞叙勲を受ける。

主な著書に、「心にのこる校長講話集」（共著）、「宮崎西高校の挑戦」（共著）、「実践的校長論」（編著）、「実践的学力向上論」（編著）、「沖縄県の高等学校教育」（編著）等や、「校長先生の実践録」（共著、非売品）「実践的校長論」（共著、非売品）等、多数。

藤原善行（ふじはら　よしゆき）

昭和22年、長崎県南島原市生まれ。長崎県の公立高等学校社会科教員として2校（奈留、長崎北陽台）勤務後、平成6年度から長崎県教育委員会に4年間（指導主事、係長）勤務。その後、県立高校教頭2校（国見、長崎西）4年、県立高校校長2校（大崎、佐世保南）6年間務めた。県立佐世保南高校校長を平成20年退職。

定年退職後は、佐世保実業学園（長崎県）の学園長兼法人本部長として8年間勤務後、平成28年から現在まで学校法人岩永学園こころ医療福祉専門学校校長を務めている。

共著として、『教頭の知恵袋』や『校長の実践録』、『実践的校長論』（九州版）があるが、すべて非売品である。

校長の実践的学校経営論　54人の校長が考え、実践したこと

2018年6月20日　初版発行

編著者──宇田津一郎・藤原善行

発行者──安部英行

発行所──学事出版株式会社
〒101-0021　東京都千代田区外神田2-2-3
電話 03-3255-5471
http://www.gakuji.co.jp

編集担当　　花岡萬之
装　　丁　　精文堂印刷デザイン室　内炭篤詞
印刷製本　　精文堂印刷株式会社

ISBN978-4-7619-2487-4　C3037　　　　　　　　2018 Printed in Japan